로스쿨 인사이드
입학에서 취업까지

로스쿨 인사이드 **입학에서 취업까지**

펴낸날 2016년 9월 27일 1판 1쇄

지은이 前 관악 로스쿨러

펴낸이 김영선
교정·교열 이교숙
디자인 차정아

펴낸곳 (주)다빈치하우스-미디어숲
주소 경기도 고양시 일산서구 고양대로632번길 60, 405호
전화 02-323-7234
팩스 02-323-0253
홈페이지 www.mfbook.co.kr
출판등록번호 제 2-2767호

값 18,000원
ISBN 979-11-5874-016-0 (13370)

이 도서의 국립중앙도서관 출판예정도서목록(CIP)은 서지정보유통지원시스템 홈페이지(http://seoji.nl.go.kr)와 국가자료공동목록시스템(http://www.nl.go.kr/kolisnet)에서 이용하실 수 있습니다.
(CIP제어번호: 2016020361)

로스쿨 인사이드
입학에서 취업까지

前 관악 로스쿨러

LAW SCHOOL
INSIDE

미디어숲

프롤로그

    이 책은 작년 봄 기획됐다. 서울대 법학전문대학원(이하 로스쿨)에 대한 백서(白書)가 필요하다는 생각 때문이었다. 로스쿨 제도에 대한 여론의 '묻지 마 비판'은 물론 고교생 및 학부생들의 '묻지 마 지원'이 심각한 문제로 느껴졌다. 매년 150여 명이 입학하지만, 그 중에 만족스러운 진로를 시작하는 경우는 1/3정도. 하지만 전부가 금수저 출신으로 법복귀족이 된다는 오해를 양쪽 모두에게 받는 상황이 몇 년째 계속되고 있다. 로스쿨에 관한 입장은 개인의 자유지만, 최소한 있는 그대로의 정보는 알고 판단했으면 하는 희망에 졸업생 몇몇이 공감했다.

    필진보다는 독자의 입장에서 책의 내용을 구성했다. 6하 원칙에 따라 로스쿨에 관심 있는 학생 혹은 일반인들이 궁금할 만한 소재를 골랐다.

    제1장 'Why or Why not: 진실과 오해'에서는 로스쿨 제도 관련 세간의 풍문에 답했다. 서울대 로스쿨은 물론 다른 로스쿨 졸업생 및 재학생들의 출신 배경, 입학 후 결혼 및 병역 문제, 졸업 이후 대우 등을 Q&A 형태로 담았다. 작년 12월 법무부의 사법시험 유예 발표 파문으로 이전보다는 오해가 많이 풀렸지만, 당사자 관점에서의 첫 정리라는 데 의의가 있다. 로스쿨 지원을 고민 중인 수험생들이라면 가장 먼저 살펴봐야 할 것이다.

제2장 'Who: 누가 다니나'는 필자들의 노력이 깃든 부분이다. 막연히 '서울대 로스쿨은 경영·경제 전공을 선호한다', '차라리 인문대 사철 계열을 가라' 등의 풍문이 사실과 다르다는 점을 증명하기 때문이다. 학교 측이 공개한 정부는 불충분했고, 학원가에서 떠도는 '가디라' 통신은 무책임했다. 파악이 불가능한 일부, 복수전공·부전공의 코딩 문제가 없지는 않지만, 사회과학 전공자로서의 역량과 양심을 지키며 최대한 객관적·중립적으로 조사·분석한 결과이다.

제3장 'How: 입학 수험 전략'은 어디까지나 참고자료이다. 필진은 이미 로스쿨을 졸업해 입시를 5~7년 전에 마쳤고, 면접 후기도 서울대에 한정됐기 때문이다. 하지만 질적 연구자료서의 가치는 충분하고, 장기적으로 로스쿨 진학을 계획 중인 입장에서는 일종의 시뮬레이션 효과를 상당히 기대할 수 있을 것이다.

제4장 'What: 로스쿨에서는 무엇을 하는가'에서는 로스쿨 3년 생활을 개괄적으로 돌아봤다. 수업, 예습과 복습, 실무수습, 변호사시험 등 전문대학원 특유의 빡빡한 생활은 물론 각종 학회 및 동아리활동도 포함시켰

다. 2년 동안 24학점 안팎을 듣는 일반대학원에 비해 로스쿨은 3년 동안 90학점을 들어야 하는 대단히 빡빡한 교육과정이다. 이 역시 서울대 로스쿨의 사례일 뿐이지만 로스쿨 생활의 모델이 되기에는 부족함이 없을 것이다. 특히 변호사시험의 난이도와 로스쿨생들의 부담, 노력 등이 일반인 독자에게도 전달되기를 기대한다.

제5장 'Where: 졸업하고 어디로 가나'는 필진뿐 아니라 다른 졸업생 선후배들의 도움이 컸다. 직종과 업계 성격 때문에 모두 익명 처리했지만, 모두 해당 직군을 경험했거나 지금도 종사하고 있는 서울대 로스쿨 동문들을 인터뷰해서 정리했기 때문이다. 무척 부담스러운 작업임에도 독자들의 알 권리와 본서의 생동감을 높이는데 선뜻 나서준 이들에게 그저 고마울 따름이다. '일단 변호사 자격증만 있으면…'이라며 무턱대고 리트(법학적성시험)에 응시하려는 이들에 대한 졸업생들의 응답이기도 하다. 한편 각 직군의 선발시기와 과정은 해마다 달라지므로 지원을 생각하는 이들은 해당 정보를 재확인해야 할 것이다.

제6장 'When: 미리 보는 로스쿨 라이프'에서는 가상의 인물이 보낸 로

스쿨 3년을 시간순서로 서술했다. 입학준비부터 1, 2, 3학년을 거쳐 변호사시험에 이르는 과정을 사전에 체험해보라는 취지이다. 적지 않은 재학생들이 막연히 로스쿨에 왔다가 방황하거나 적응이 늦어 휴학을 생각하는 안타까운 사례가 줄어드는데 이바지할 수 있었으면 한다.

일의 진행은 매우 지지부진했다. 각자의 생업 때문이기도 했고, 돈이나 명예는커녕 긁어 부스럼이 될 게 분명한 책을 내는 게 맞는지 확신도 없었기 때문이다. 하지만 그래도 꼭 필요한 작업이라는 생각에 마무리를 짓기로 했다. 남들이 뭐라 하든, 네 갈 길을 가라고 했으니까. 그 길을 함께 해준 선후배들, 그리고 놀라운 인내심을 보여준 김영선 대표님과 이교숙님께 감사의 마음을 전한다.

前 관악 로스쿨러

차례

프롤로그

Part
2

Who?
누가 다니나?

Part
3

How
입학 수험 전략

Part 4

What
로스쿨에서는 무엇을 하는가?

Part 5

Where
졸업하면 어디로 가나?

Part
6

When
미리 보는 로스쿨 라이프

Part

1

Why or Why not?
진실과 오해

서울대학교 법학전문대학원은 불합격의 공포에 시달리지 않아도 되는 무풍지대인가? 답은 '아니오'이다. 약간의 변동은 있지만, 매해 약 10명 안팎의 서울대학교 법학전문대학원 학생들이 변호사시험에서 낙방한다.

학부시절 학점이 대부분 4점 안팎에다 우등 졸업으로는 명함도 내밀기 힘든 학생들이 모여 있는 곳이다. 치열한 경쟁을 뚫고 입학한 법학전문대학원에서 또 다시 3년간 치열한 경쟁을 벌여가며 공부를 한 끝에도 불합격자가 발생하는 것이다. 이들은 모두 자격미달의 바보라서 변호사시험에 합격하지 못한 것인가? 그 오해를 풀기 위해서는 현행 변호사시험의 합격자 결정 방식에 대한 정확한 이해가 선행되어야 한다.

서울대 로스쿨 합격
= 최소 연봉 1억 확보?

변호사는 매해 공시되는 연봉 상위 랭킹에 어김없이 등장하곤 하는 직업이다. 작년 자료에 따르면, 지난해 1인당 평균수입이 가장 높은 직업은 변리사(5억5천900만 원)였으며 변호사(4억900만 원)가 그 뒤를 이었다고 한다. 이는 부가가치세 신고납부액에 바탕을 두고 추산한 것이어서 실제 수입과는 다소 괴리가 있는 것임에도, 소위 '대형 로펌 소속 변호사'로 대변되는 고소득 전문직으로서의 변호사의 이미지는 여전히 굳건하다.

그래서인지 몰라도 법학전문대학원, 특히 서울대학교 법학전문대학원에 진학하게 되면 최소 연봉 1억은 받게 될 것이라는 판타지에 사로잡혀 있는 사람들을 많이 보게 된다. 아니나 다를까, 서울대학교 법학전문대학원은 2015년 10대 로펌에 총 45명이 입사해 27명, 22명을 기록한 고려대학교와 연세대학교를 더블 스코어에 가까운 압도적인 숫자로 따돌리며 4년째 부동의 1위를 차지했다. 게다가 10대 로펌의 변호사 초임 연봉 수준을 생각하면 연봉 1억이 아주 거짓말 같지만은 않아 보이기도 하다.

[학교별 10대 로펌 합격자 수]

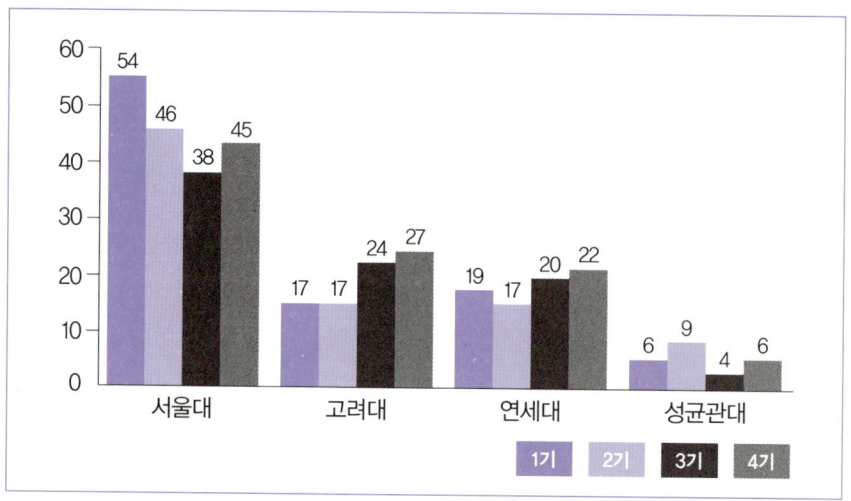

자료 : 김봉구, 「이화여대 로스쿨 '10대 로펌 합격자' 5위」, 한국경제, 2015. 3. 10.

그렇다면 정말 서울대학교 법학전문대학원을 졸업하고 나면 다들 고액 연봉자가 되는 걸까? 안타깝게도 모두가 그런 것은 아니다. 이미 위의 통계에서부터 답은 나와 있다. 한 해 서울대학교 법학전문대학원의 입학 정원이 150명임을 감안할 때 소위 '대형 로펌'에 바로 취업하는 경우는 전체의 1/3에 미치지 못한다. 재판연구원과 검사로 임용되는 인원을 포함시킨다 하더라도 매해 그 수는 각 10명 안팎에 그쳐 도합 60명 안쪽으로, 절반에 한참 모자라는 수치이다. 재판연구원과 검사의 초임 연봉은 대형 로펌의 신입 변호사에 비해 낮은 편임을 고려할 때, 서울대 법학전문대학원에 일단 합격하고 나면 졸업 후 어마어마한 연봉을 받으며 사회생활을 시작할 수 있으리라는 것은 한 마디로 말해 로스쿨의 현실을 모르는 자들의 환상이라고 할 수 있다.

방송활동을 하고 있는 임윤선 변호사는 최근 한 라디오 방송에서 대형로펌 변호사의 초임 월급이 개그맨 박명수의 한 회 출연료 정도라고 밝힌바 있다. 그렇다면 실제 대형 로펌의 신입 변호사들익 초임 연봉은 어느수준일까? 대형 로펌 안에서도 연봉 수준은 조금씩 차이를 보이는데, 적게는 월 6~700만 원 선에서부터 많게는 월 900만 원까지도 받는 것으로 알려져 있다. 최근 불황이 법조계에도 불어닥쳐 연봉 체계에 변화의 조짐이 일고 있는데 최근 신문기사에 따르면, 지난달 한 대형 로펌은 고정급으로 지급하던 기존의 연봉체계를 기본급을 낮추고 성과급을 종전 연봉의 15%까지 지급하는 방식으로 변경하면서 어소(Associate) 변호사들의 임금을 낮췄다고 한다.

직명	호봉	봉 급 액
검찰총장		6,944,800
검찰총장 외의 검사	17	6,934,500
	16	6,921,200
	15	6,528,600
	14	6,137,900
	13	5,787,400

	12	5,491,600
	11	5,349,000
	10	5,181,100
	9	4,900,800
	8	4,566,700
	7	4,278,600
	6	4,008,300
	5	3,747,500
	4	3,484,800
	3	3,231,000
	2	2,977,700
	1	2,642,800

구분	상한액(단위: 천 원)	하한액(단위: 천 원)
가	–	52,556
나	65,339	43,536
다	53,400	37,927
라	46,849	33,417
마	41,250	

자료 : 검사 보수에 관한 법률 시행령, 공무원 보수 규정

검사나 재판연구원이 받는 초임 연봉은 어떠할까? 위의 표는 검사의 봉급표인데, 법학전문대학원을 졸업하고 검사로 임용되는 경우 1호봉에 해당하는 봉급을 받게 된다. 물론 이는 기본급에 해당하며 별도의 수당을 포함시킨다면 실수령액은 표에서보다 높아지겠지만 대형 로펌의 월급에는 비할 바가 못 된다. 재판연구원의 경우에는 전문임기제공무원 나급으로 분류되어 정해진 범위 내에서의 연봉을 지급받게 된다.

그 외에도 공공기관이나 공기업, 사기업 법무 팀의 사내변호사, 국회의원실 보좌진 등 서울대학교 법학전문대학원 졸업자의 진로는 매우 다양하다. 짐작하고 있겠지만, 이들의 연봉 역시 대형 로펌에 입사한 졸업생들의 연봉에는 미치지 못하는 것이 현실이다. 구체적인 연봉 정보를 모두 수집하기 어려워 평균적인 연봉 수치를 제시할 수는 없지만, 작게는 대형 로펌 입사자에 비해 월 1~200만 원, 많게는 300만 원 이상 적은 월급을 받고 일하고 있다고 생각하면 될 것이다. 그러니, 대형 로펌에 입사하는 1/3 가량을 제외하고 나면 연봉 1억은 꽤 수월한 이야기지 않은가?

서울대학교 법학전문대학원의 한 학기 등록금은 670만 원 선이다. 이는 로스쿨 가운데서도 비교적 저렴한 축에 속한다. 장학금을 받지 못할 경우 3년 동안 순수하게 학비만 4000만 원에 달하는 투자를 감행할 만한 가치가 있는지는 각자의 판단에 달렸다. 학비뿐만 아니라 생활비와 3년간 공부하면서 포기해야 할 직장생활과 같은 기회비용 또한, 비용편익 분석에 포함시켜야 마땅하다. 막연한 고액 연봉에 대한 환상만으로 로스쿨 진학의 꿈을 꾸고 있다면, 한 번 더 진지하게 생각해볼 부분이다.

CHAPTER 02

얼리 컨펌은 기본?

미국의 로스쿨에서는 1L, 그러니까 1학년 시기가 가장 힘들다고 한다. 대개 이 당시의 성적을 바탕으로 주요 로펌 등에서의 채용이 이루어지기 때문이다. 우리나라의 경우도 크게 다르지 않다. 주요 로펌들 중 빠른 곳은 법학전문대학원의 1학년 여름방학 중 재학생들을 대상으로 인턴십 프로그램을 운영하기 시작하며, 1학년 겨울방학 인턴십을 마친 후 로펌으로부터 '컨펌(confirm)'을 받는 경우도 있다. 하지만 대체로 채용이 이루어지는 것은 2학년에 접어들어서이며, 늦어도 3학년 여름까지는 대부분의 채용절차가 마무리된다.

이렇게 컨펌에 이르기까지는 인턴십 프로그램에서의 실적 또한 중요하지만, 우선은 인턴십 프로그램 선발에 법학전문대학원에서의 학점이 상당한 영향을 미치기 때문에 학점 관리에 신경을 쓸 수밖에 없다.

이른바 '대형 로펌'에 취업하는 경우가 아니라면 채용이 확정되기까지는 좀 더 오랜 시간이 걸린다. 검찰의 경우에는 2학년 여름과 겨울을 이용한 검찰 실무수습을 거쳐 서류 및 면접전형을 통해 3학년 2학기에 채용을 진행하며, 법원 역시 방학 기간을 이용한 실무수습 및 별도의 서류전형과 면접을 통하여 최종적으로는 3학년 2학기에 재판연구원 선발을 완료한다.

삼성은 3학년을 대상으로 여름방학 기간 채용 연계 인턴십을 운영하고 있으며, 일부 대기업두 이와 유사하게 3하년을 상대로 채용절차를 진행한다. 3학년을 마친 후 치러야 할 변호사시험을 준비하면서 동시에 취업을 준비해야 하는 구조 탓에 농담처럼 '1학년 때는 학생, 2학년 때는 취업준비생, 3학년 때에는 취업준비생이자 고시생'의 신분을 갖게 된다고 말하기도 한다.

변호사시험이 끝난 후에는 여러 중소형 로펌들과 대기업 및 각종 공사와 공공기관 등에서 채용절차가 시작된다. 대기업들이 진행하는 대졸 신입사원 공채와 같이 상/하반기로 나뉘어 채용이 몰려 있는 시즌이 따로 있는 것은 아니기 때문에 수시로 취업 공고를 살피면서 원서를 써내는 때가 이 시기이다. 대형 로펌이나 검찰, 법원에 입사하지 못한 경우이면서 법무관 생활을 앞두지 않은 사람들은 변호사시험이 끝나는 것과 동시에 다시 치열한 취업 경쟁에 뛰어들게 된다.

>>>

3학년을 마친 후 치러야 할 변호사시험을 준비하면서 동시에 취업을 준비해야 하는 구조 탓에 농담처럼 '1학년 때는 학생, 2학년 때는 취업준비생, 3학년 때에는 취업준비생이자 고시생'의 신분을 갖게 된다고 말하기도 한다.

변호사시험은 보통 1월 초~중순에 치러지는데 빠르게는 1월이나 2월 중으로 취업이 결정되는 경우도 있으나, 늦어지는 경우 8~9월경에 입사할 곳이 결정되기도 한다. 법학전문대학원 졸업 후 변호사시험에 합격하더라도 6월의 연수기간을 거친 후라야만 변호사로서 업무를 본격적으로 시작할 수 있는데, 변호사시험 합격 발표 이후에도 연수를 받을 수 있는 기관에 취업하지 못한 경우에는 대한변호사협회에서 단체로 연수를 받으며 취업을 준비하게 된다.

[서울대학교 법학전문대학원 기수별 졸업자 현황]

	1기	2기	3기	4기
학위취득자	119	151	131	132
취업자	91	66	74	68
진학자	1	3	2	1
입대자	18	17	22	31
외국인유학생	0	0	1	0
기타	0	50	32	32
미상	9	15	0	0

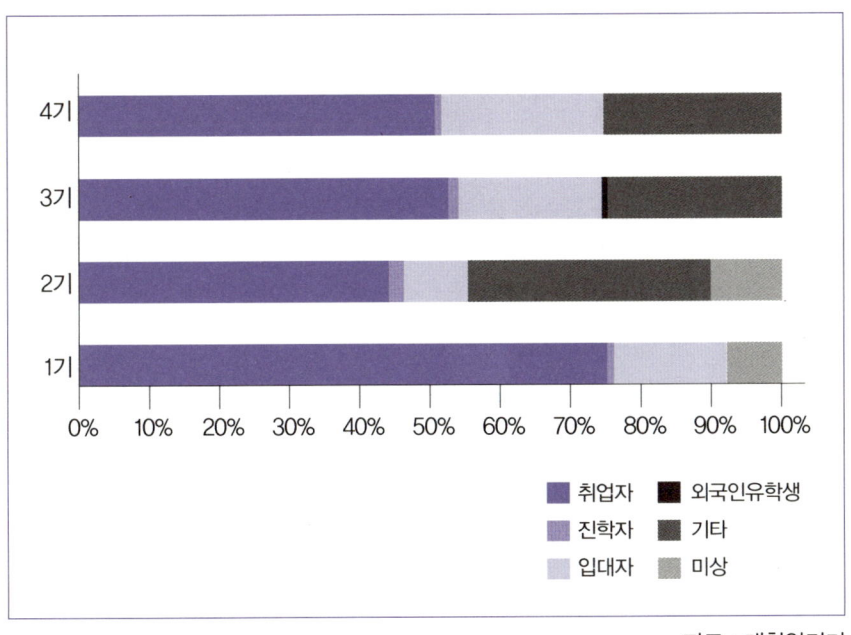

자료 : 대학알리미

1기의 경우 취업자의 수가 압도적으로 높았다. 하지만 1기에서 4기에 이르기까지 평균적인 취업률을 계산해보면 약 56.1%, 진학자를 포함하더라도 약 57.4%로 60%에 채 미치지 못한다. 졸업 후 군복무를 하게 되는 경우를 제외한 정원 중 취업자 비율을 계산해보더라도 약 67.2%로, 압도적인 취업률을 자랑한다고 평가하기는 어렵다.

물론 학교의 실적을 취업률로만 평가할 수는 없다. 그러나 법조인이라는 'job'을 얻고자 서울대학교 법학전문대학원에 진학하려는 학생의 입장에서는, 더욱이 이와 같은 수치가 매년 8월에 집계되는 것임을 생각하면, 졸업 후 6개월이 지나고도 열 명 중 서너 명은 미취업 상태인 현실이 기대 이하라고 생각할 가능성이 다분하다. 그나마 서울대학교 법학전문대학원은 형편이 나은 것이라는 볼멘소리를 할 수도 있다. 그러나 한 가지 분명한 점은 법조계까지 불어닥친 불황과 취업난에서 서울대학교 법학전문대학원 졸업생 역시 자유로울 수는 없다는 것이다.

CHAPTER 03

변호사시험, 바보나 떨어진다?

"졸업하면 그냥 변호사 되는 거 아니야?" 법학전문대학원 재학생으로서 흔히 들었던 말 중 하나일 것이다. 반은 맞고 반은 틀린 소리다.

무엇이 맞다는 것인가? 현행 법학전문대학원 체제하에서는 법학전문대학원을 이미 졸업했거나 해당 응시 연도에 졸업예정인 경우에만 변호사시험 응시자격이 주어진다. 따라서 법학전문대학원에 진학하여 3년의 교육과정을 이수하고 졸업하지 않으면 변호사시험에 응시할 수 없으므로 당연히 변호사도 될 수 없는 것이다.

그럼에도 위 질문에 아니라고 대답할 수밖에 없는 이유는, 졸업을 한다고 해서 다 변호사가 되는 것은 아니기 때문이다. 법학전문대학원을 졸업했다 하더라도 변호사시험에 합격하여야만 비로소 변호사 자격을 취득할 수 있다. 오해가 생겨나는 부분은 바로 이 지점에서다. 사법시험과는 달리 변호사시험은 바보가 아닌 이상 대개 합격하는 것이기 때문에, 법학전문대학원을 졸업하면 그저 변호사가 되는 것이 아니냐는 것. 법학전문대학원 진학을 희망하는 학생들의 인식도 이와 크게 다르지 않다. 그러나 현행 변호사시험의 합격 인원 선정 방식은 입학 정원 전부에게 변호사 자격 취득을 보장하고 있지 않다. '돈을 주고 자격증을 산다'라고만 할 수 없는 것도 바로 이 때문이다.

[변호사시험 합격률]

	1회(2012)	2회(2013)	3회(2014)	4회(2015)	5회(2016)
응시자	1,665	2,046	2,292	2,561	2,864
합격자	1,451	1,538	1,550	1,565	1,581
합격률	87.15%	75.17%	67.63%	61.11%	55.2%

자료 : 법무부

위 표는 2012년 제1회 변호사시험부터 2016년 제5회 변호사시험에 이르기까지 총 응시자 수와 합격자 수, 그에 따른 합격률을 나타낸 것이다. 제1회 변호사시험에서는 1기 학생들의 대거 자퇴의 영향으로 90%에 가까운 합격률을 기록하였다.

그 후로는 표에서 보는 바와 같이 매년 전체 응시자 수 대비 합격률은 매년 10% 안팎의 하락폭을 기록하면서, 2016년 제5회 변호사시험에 접어들어서는 드디어 합격률이 50%대에 접어들었다. 2명 중 1명이 합격하는 수준으로, 사법시험 체제하에서의 경쟁률에 비할 바 못 된다 하더라도

'졸업만 하면 변호사가 된다'고 평가하기에는 만만치 않은 경쟁률에 해당함은 분명하다.

그렇다면 서울대학교 법학전문대학원은 불합격의 공포에 시달리지 않아도 되는 무풍지대인가? 답은 '아니오'이다. 약간의 변동은 있지만, 매해 약 10명 안팎의 서울대학교 법학전문대학원 학생들이 변호사시험에서 낙방한다.

학부시절 학점이 대부분 4점 안팎에나 우등 졸업으로는 명함도 내밀기 힘든 학생들이 모여 있는 곳이다. 치열한 경쟁을 뚫고 입학한 법학전문대학원에서 또 다시 3년간 치열한 경쟁을 벌여가며 공부를 한 끝에도 불합격자가 발생하는 것이다. 이들은 모두 자격미달의 바보라서 변호사시험에 합격하지 못한 것인가? 그 오해를 풀기 위해서는 현행 변호사시험의 합격자 결정 방식에 대한 정확한 이해가 선행되어야 한다.

[변호사시험 합격자 시뮬레이션 결과(단위 : 명)]

	2014		2015		2016		2017		2018		2019		2020		2021	
	응시	합격	응시	합격	응시	합격	응시	합격	응시	합격	응시	합격	응시	합격	응시	합격
2기	500	88	412	69	343	54	289	43	~~246~~							
3기	2000	1412	588	98	490	77	413	62	351	51	~~300~~					
4기			2000	1333	667	105	561	84	477	70	407	58	~~349~~			
5기					2000	1263	737	111	626	92	535	77	458	65	~~393~~	
6기							2000	1200	800	117	683	98	585	83	502	70
7기									2000	1170	830	119	711	101	610	85
8기											2000	1148	852	121	732	102

9기									2000	1131	869	122
10기											2000	1120
합격	1500		1500		1500		1500		1500		1500	1500
응시	2500		3000		3500		4000	4254	4455	4606		4713
합격률	60(%)		50(%)		43(%)		38(%)	35(%)	34(%)	33(%)		32(%)

출처 : 전국 법학전문대학원 학생협의회

위 표는 변호사시험 합격자 수 추이를 시뮬레이션한 결과이다. 현행 변호사시험 합격자 수는 법학전문대학원의 신입생 총 정원인 2000명을 기준으로 정원 대비 약 75% 수준인 1500명 선에서 결정된다. 5년간 5회의 응시 기회가 주어지므로, 매해 1500명만을 합격시킨다고 가정할 때 이론적으로는 합격률이 30% 초반까지 떨어지게 되며 앞으로 매 기수마다 300명가량의 변호사시험 5회 불합격자가 발생하게 됨을 알 수 있다.

결국 현행과 같이 법학전문대학원의 입학 정원을 기준으로 하여 시장에 배출되는 변호사의 수급을 조절하고 있는 이상 구조적으로 일정 비율은 반드시 변호사시험에 불합격할 수밖에 없는 것은 물론이거니와, 변호사시험에 5회 불합격하여 법학전문대학원을 졸업하고도 영영 변호사가 되지 못하는 인원이 고정적으로 발생할 수밖에 없는 구조인 것이다.

이는 법학전문대학원의 전문적인 교육과정을 충실히 마친 사람이 법조인으로 진출하도록 하고 법학전문대학원의 교육과 변호사자격의 연계라는 법학전문대학원의 설립 취지에 정면으로 반하는 것이다. 법학전문대학원에서의 교육과정을 충실히 이수한 후에도 입학 정원의 75%, 전체 응시인원의 3~40%만이 합격할 수 있는 구조하에서는 교육을 통한 법조인의 양성이란 기치는 무너질 수밖에 없다. 법학전문대학원에서의 교육과정을 충실히 이수하기보다는 변호사시험 합격을 위한 공부에 전념하는 것이 우월 전략이기 때문이다.

이러한 구조적인 문제점을 극복하기 위해서는 변호사시험의 '자격시험화'가 필요하다는 결론이 나온다. 사전에 선발 인원을 입학 정원의 75% 수준으로 정해두고 변호사시험 응시자 중 그 합격선 안에 든 인원에게 변호사자격을 부여하는 것이 아니라, 변호사시험에서 합격 최저점수 이상을 받으면 변호사자격을 취득할 수 있도록 합격자 결정 방식을 전환하는 것이다.

실제 한 법학전문대학원에서는 일부 성적이 우수한 3학년 학생들을 정규 학기 수업을 면제해주는 편법적인 학사 운영을 통해 개인 학습을 하노독 배려하었나가 논란이 되기도 하였다. 선발시험을 통한 법조인 양성의 폐해를 극복하고자 도입된 변호사시험이 사실상 선발시험으로 회귀하고 있는 현 상황에서 '바보나 변호사시험에 떨어진다'는 말은 어불성설이다.

이러한 구조적인 문제점을 극복하기 위해서는 변호사시험의 '자격시험화'가 필요하다는 결론이 나온다. 사전에 선발 인원을 입학 정원의 75% 수준으로 정해두고 변호사시험 응시자 중 그 합격선 안에 든 인원에게 변호사자격을 부여하는 것이 아니라, 변호사시험에서 합격 최저점수 이상을 받으면 변호사자격을 취득할 수 있도록 합격자 결정 방식을 전환하는 것이다. 법학 교육의 정상화를 통해 법학전문대학원은 양질의 법조인을 양성하는 산실로서 자리 잡고, 일정한 자격을 갖춘 사람에게 변호사 자격을 부여하도록 변호사시험을 자격시험으로 운영하는 것이 당초 미국식 로스쿨 제도의 도입 취지인 '법치주의 확산'에도 부합하는 길이 아닐까.

CHAPTER 04

강남 3구에 사는 고관대작 아들딸들만 다닌다던데?

"서울대 로스쿨은 강남 3구와 특목고 전유물인가?" – 노컷뉴스, 2012. 4. 9.

"로스쿨 = '돈스쿨' 아우성" – 주간동아, 2014. 4. 8.

"로스쿨 검사 45% 특목고·강남 출신" – 매일경제, 2014. 10. 22.

로스쿨이 미디어에 비치는 모습을 단적으로 보여주는 기사 제목들이다. '돈스쿨'이라는 로스쿨의 대표적인 부정적 이미지에 더하여, 서울대학교 법학전문대학원을 둘러싸고 부유층 자제, 나아가 각계각층의 고위층 자제들이 많고 부의 대물림을 위한 수단이라거나 현대판 음서제가 시행되고 있는 곳이라는 비난이 끊이지 않고 있다.

'강남 3구' 출신의 학생들이 서울대학교 법학전문대학원에서 차지하는 비율은 어느 정도나 될까? 국회 교육문화체육위원회 소속 김태년 새정치민주연합 의원의 자료에 따르면 2014년 서울 강남 3구 고교 출신은 18명으로 전체의 11.8%를 차지했으며, 이는 2009~2013년 평균치인 16.2%보다는 약간 낮아진 것이라고 한다.

그러나 이와 같은 자료만을 근거로 서울대학교 법학전문대학원을 부잣집 자제들만 다니는 학교로 속단해도 좋은지 의문이다. 실상 정시 합격생 열 명 중 일곱 명이 강남 출신이라는 서울대학교 학부 입학생의 구성 비율과 비교하면, 오히려 강남 3구 편중 현상은 법학전문대학원 단계에서는 완화되는 양상을 보이기 때문이다.

실상 '귀족학교'니 '돈스쿨'이니 하고 부르는 것은 첨예하게 대립하는 이해관계에 따른 낙인찍기에 가까운 경우가 많다. 로스쿨에 대한 위와 같은 비판은 주로 사법시험 존치의 근거로 활용되곤 한다.[1] 그러나 종래의 연수원생과 로스쿨생 사이에 과연 의미 있는 경제적 격차가 있는지 의심스러울 뿐더러, 실제 사법시험이 개천에서 용 나는 통로로 활용되고 있는지도 의문이다. 2014년 43기 사법연수원 수료생의 경우 특목고 출신은 14.3%, SKY 출신은 52.4%를 차지한다. 42기의 경우에는 각 17.9%, 62.7%의 비율을 차지하고 있었다. '위의 수치에 비하면 양호한 것이 아닌가?' 하고 생각할지도 모른다. 그러나 150명 인원의 서울대학교 법학

---

[1] 사법시험은 2017년의 제2차시험 및 면제3차 면접을 거쳐 최종적으로 50명을 선발하는 것을 끝으로 폐지될 예정이나, 제20대 국회에 들어서도 꾸준히 사법시험 존치를 위한 법안이 발의되고 있다.

전문대학원의 구성과, 비록 최근 그 규모는 줄고 있으나 1000명 단위로 선발해온 사법연수원생의 구성을 동위에 놓고 비교하는 것 자체가 타당한지 의문이다.

[서울대학교 법학전문대학원의 연도별 평균 등록금 및 재학생 1인당 장학금(단위 : 천 원)]

공시연도	학교 평균 등록금	재학생 1인당 장학금
2016	6,673	–
2015	6,696	4,768.6
2014	6,716	4,429
2013	6,733	3,562
2012	6,750	3,440

자료 : 대학알리미

[서울대학교 법학전문대학원 특별전형 입학자(단위 : 명)]

구분	기초생활 수급권자 등	농어촌지역 출신자	특수교육	국가유공자	북한 이탈주민	계
2014년	4	3	1		2	10
2013년	8	1				9
2012년	5	3	1			9
2011년	7		2			9
2010년	3	4	2			9
2009년	2	4	3	1		10
합계	29	15	9	1	2	56

자료 : 유기홍(새정치민주연합) 의원

항간을 떠도는 불명예스러운 평가와는 달리, 로스쿨은 장학제도와 특별전형 운영을 통하여 오히려 기회 균등에 일조하고 있다. 서울대학교 법학전문대학원의 장학금 수혜율을 살펴보면, 재학생 1인당 장학금은 지속적으로 증가하고 있다.

공시연도 2015년 기준 금액은 1인당 4,768,600원이고, 학생들에게 지급되는 장학금 총액은 약 23억 원 수준이었다. 이 중 9억5천만 원 가량은 교내장학금이며, 그 중에서도 약 8억6천만 원 가량은 순수하게 저소득층 장학금으로 지급되었다.

사회적 취약 계층을 위한 지원은 장학금 지급에서만 끝나지 않는다. 서울대학교 법학전문대학원은 저소득층, 신체장애인, 탈북자 등을 대상으로 하여 2009년 개원 이래 매년 9명~10명의 신입생을 선발하여, 매해 신입생 정원의 6%(9명) 이상을 꾸준히 특별전형을 통해 채우고 있다. 전체 법학전문대학원 단위로 시선을 넓혀보면 2014년에만 신입생 2000명 중 132명이 특별전형을 통해 법학전문대학원에 입학했다.[2]

물론 로스쿨을 마칠 때까지 상당한 등록금과 생활비가 든다는 것은 부정할 수 없다. 현행 로스쿨 제도에서는 개인이 상당한 금액을 투자하여

---

2) 한인섭, 「로스쿨 6년, 성과와 오해」,
한겨레, 2014. 11. 23., http://www.hani.co.kr/arti/opinion/column/665706.html

교육을 받은 후 자격증을 취득할 수 있도록 하고 있다. 이러한 로스쿨 제도의 특성으로 인하여 로스쿨은 부의 대물림을 위한 손쉬운 수단으로 폄하당하기 일쑤다. 그러나 자신의 비용으로 자격증을 취득하되 장학제도를 통하여 저소득층이나 취약계층을 지원하고 있는 현 로스쿨 제도와, 선발을 통해 법조인을 양성해내는 비용을 국민이 나누어 부담하는 현 사법시험 중 어느 것이 더 서민 친화적인지는 다시 한 번 따져볼 일이다.

CHAPTER 05

등록금에 생활비까지 1억?
무슨 수로 내지?

등록금과 생활비를 조달하는 방법은 크게 네 가지로 분류해볼 수 있다.

첫 번째는, 부모님 등 가족의 도움을 받는 방법이다. 4천만 원에서 6천만 원에 이르는 등록금은 사실 학부를 갓 졸업한 학생들이 스스로 감당해내기는 어려운 금액이다. 부모님의 도움에 의존하는 것이 학자금 문제를 해결하는 가장 손쉬운 방법인데, 로스쿨이 '귀족학교'라는 비판에서 자유로울 수 없는 것도 아마 이 때문일 것이다.

두 번째는, 장학금을 통해 해결하는 방법이다. 교내 장학금은 학교마다 다르지만 서울대학교 로스쿨의 경우 가정형편 등 경제적 여건을 주요 기준으로 삼아 지급하고 있다. 교외장학금의 경우에는 기금의 성격에 따라 경제적 여건 외에도 성적 등의 조건을 함께 고려하기도 한다.

세 번째는, 과외 등의 아르바이트를 통해 충당할 수도 있다. 실제로 로스쿨에 다니면서도 과외 등으로 용돈과 생활비를 조달하는 학생들을 심심치 않게 볼 수 있다. 그러나 3년간의 학업부담이 만만치 않아 과외나 아르바이트를 할 짬을 따로 내는 것 자체도 쉽지 않은 결정일 뿐더러, 어지간한 고액과외가 아니고서야 등록금까지 충당하기 어려운 것이 현실이다.

이러한 한계로 인하여 많이 이용하는 것이 바로 대출상품이다. 한국장학재단의 학자금 대출 및 생활비대출은 2%대의 저렴한 금리도 매력적이지만, 최대 10년의 거치기간 및 상환기간 역시 장점이다. 다만 생활비대출은 학기당 최대 100만 원을 한도로 하기 때문에 위 대출상품을 이용해 생활비를 전부 충당한다는 것은 어불성설이다. 따라서 대출의 종착역, '마통'으로 눈을 돌릴 수밖에 없다. 은행마다 대출 한도와 이율은 조금씩 다르지만 일반적으로 2014년 기준 5%대의 금리에 1학년은 2천만 원, 2학년은 3천만 원, 3학년은 4천만 원에서 5천만 원 한도로 마이너스 대출을 해준다. 보통 1년 단위로 대출계약을 체결하고 갱신하도록 되어 있다. 졸업 후 상환시기 도래 시점에 취업을 한 경우 직장인 대출로 전환이 가능하지만, 변호사자격을 취득하지 못한 경우에는 즉시 상환해야 한다. 변호사시험 불합격도 서러운데, 자칫 잘못하다간 한순간에 신용불량자로 전락할 위험이 도사리고 있는 것이다. 그래서 이를 두고 '벼랑 끝 전술'이라고 부르기도 한다. 마이너스 통장에 찍힌 금액을 보면 정신이 번쩍 들면서, 배수진을 치고 변호사시험 공부를 하게 된다는 웃지 못할 이야기다.

CHAPTER 06

군필 vs. 미필,
어느 쪽이 유리한가?

　법무관 생활은 로스쿨 진학의 큰 메리트 중 하나이다. 로스쿨 졸업 후 약 3년간의 법무관 생활은 비록 낮은 임금이지만 혹독한 경쟁에서 잠시 벗어나 인생을 즐길 수 있는 시기라는 것이 중론이다. 심지어 변호사시험이 끝난 후부터 훈련소 입소 시까지 약 4~5개월가량의 자유시간도 즐길 수 있다. 마음만 먹으면 세계여행이라도 갈 수 있을 만한 시간이다. 게다가 다른 미취업자들과는 달리 '나라에서 컨펌'한 이들이기 때문에 취업에 대한 염려 없이 자유시간을 즐길 수 있으니, 특히 부러움의 대상이 될 수밖에 없다. 다만, 6기부터는 모두가 법무사관 후보생으로 편입될 수 없어 법무관이 되는 것도 이제는 경쟁에서 자유로울 수 없게 되었다고 하니, 법무관 생활을 바라보고 있는 신입생들에게는 조금 슬픈 소식이 될지도 모르겠다.

[기수별 졸업자 중 입대자 수]

	1기(2012)	2기(2013)	3기(2014)	4기(2015)
입대자	18	17	22	31

자료 : 대학알리미

해가 갈수록 군복무를 마치지 않은 상태에서 서울대학교 법학전문대학원에 진학하는 남자 신입생 수가 증가하는 모습을 볼 수 있다. 입학 후 곧바로 군 휴학을 하고 군복무를 마친 후 제대를 하는 학생들까지 합친다면 군 미필 남자 신입생 수는 위 표에 나타난 수보다 더 많을 것이다. 신입생 중 군 미필 남성 수가 갈수록 증가하는 것은, 법학전문대학원 제도가 도입된 초기와 달리, 학부를 마친 후 바로 법학전문대학원으로 진학하는 케이스가 늘어난 데 따른 현상으로 보인다.

법무관은 크게 군법무관과 공익법무관으로 나뉜다. 군법무관과 공익법무관은 사법시험 체제에서는 성적에 따라 상위권은 군법무관으로, 나머지가 공익법무관 TO를 채우는 것이 보통이었다. 그러나 로스쿨 체제로 넘어오면서 이러한 공식은 차츰 허물어져가고 있는 것으로 보인다. 공익법무관은 출퇴근이 있는 근무체계이고, 서울권이나 자신의 연고 지역에서 근무하게 되는 경우 퇴근이 이르다는 전제하에 저녁시간을 자유롭게 활용할 수도 있어 많은 사람의 선호가 몰리고 있다. 군법무관의 경우에는 상대적으로 공익법무관에 비해 많은 봉급, '군법무관 = 높은 성적'이라는 인식이 주는 메리트 정도가 장점으로 꼽힌다.

법무관들은 1년 단위로 임지가 순환되는데, 보통 한 번 서울권에 근무하면 그 다음은 지방으로 임지 발령이 나는 식이다. 대개의 경우 공익법무관들은 첫 임지로 지방을 선호하는 경향이 짙다. 훈련소를 마친 후 실질적으로 첫 임지에서의 근무 기간이 약 8개월가량으로 짧기 때문이다. 또한 서울로 두 번째 임지를 받은 후에는 유임신청이 가능하기 때문에, 서울 근무를 선호하거나 지방 연고가 없는 법무사관 후보생들이 첫 임지로 지방을 선호하는 편이다. 특히 재학 중 회사로부터 컨펌을 받지 못해 법무관 3년차에 취업을 준비해야 하는 경우에는, 희망 임지로 서울 지역을 선호하는 경향이 짙다.

>>>

법무관 생활의 매력이 상당하기 때문에 군 미필 남성이 자칫 축복받은 집단으로 보이기 쉽지만, 이들에게도 나름의 고충은 있다. 군필 남성에 비해 미필 남성은 '컨펌'에 불리하기 때문이다. 물론 군 미필 남학생들 가운데서도 대형 로펌 등에 컨펌된 사례는 찾아볼 수 있다.

장기 군법무관의 인기 또한 날로 높아지고 있다. 법률저널에 따르면, 2015년 법학전문대학원 출신 장기 군법무관 선발에는 총 86명이 지원했으며, 최종 17명이 합격했다. 2016년의 경우 총 83명이 지원하여 최종적으로 22명이 합격했으며, 최종합격자 22명 중 남성은 15명(군필 11명, 군 미필 4명), 여성은 7명인 것으로 확인되었다.

장기군법무관은 10년의 의무복무기간 이후 자유로이 전역할 수 있으며, 임관 5년차에 1회에 한하여 전역할 수 있는 기회가 있다. 장기 군법무관은 높은 고용안정성과 업무와 여가, 가정생활 간의 균형 및 복지, 퇴직 후의 연금 등의 혜택으로 인하여 상당히 매력적인 직업으로 여겨지는데, 특히 출산휴가나 육아휴직 등이 법에 의해 보장되고 육아를 위한 탄력적 근무시간제 등을 시행하고 있어 여성들에게도 인기다. 취업시장이 빠르게 얼어붙고 있어, 이만한 직장을 구하기도 쉽지 않은 탓도 있다.

법무관 생활의 매력이 상당하기 때문에 군 미필 남성이 자칫 축복받은 집단으로 보이기 쉽지만, 이들에게도 나름의 고충은 있다. 군필 남성에 비해 미필 남성은 '컨펌'에 불리하기 때문이다. 물론 군 미필 남학생들 가운데서도 대형 로펌 등에 컨펌된 사례는 찾아볼 수 있다. 다만 군필 남성에 비하면 그 수는 적은 축에 속한다. 아마도 이러한 취업상의 불리함 때문에 일부 학생들이 입학 후 군 복무를 마친 뒤 복학을 하는 것이 아닐까 추측된다.

이처럼 군 미필 남성이 일부 취업에 불리한 측면은 있지만, 이는 어디까지나 재학 중 컨펌에 한정되는 것이라고 보는 편이 타당하다. 법무관 출신의 경우 복무 기간을 경력으로 인정받을 수 있다는 장점이 있다. 또한 이들을 갓 법학전문대학원을 졸업한 사람들과 동일선상에서 비교하기는 어렵기 때문에 일부 대형 로펌에서는 이들을 상대로 채용을 따로 진행하기도 한다. 따라서 군 미필 남성이라 하여 취업에 불리하다고 단적으로 말할 수는 없다는 것이다.

FAQ

Q 회사/대학원에 다니고 있습니다. 로스쿨에 가는 게 좋을까요?

A 커리어 발전의 차원이라면 로스쿨 진학이 나쁠 이유는 없다. Part 2 who의 샘플 케이스로 소개된 사례처럼 자신만의 커리어를 어느 정도 쌓아둔 점이 로스쿨 입시에서도 상당한 메리트로 작용할 수 있으며, 향후 진로 설계에도 유리할 수 있다. 실제 현업에서 얻은 경험과 지식은 학부에서 곧장 로스쿨로 진학하고자 하는 지원자들에게는 없는 무기인 것은 틀림없다.

다만, 최종적으로 로스쿨 준비 내지는 진학을 결심하기 전에 꼼꼼히 비용편익분석을 해볼 것을 권한다. 잘 풀릴 경우와 그렇지 않을 경우의 커리어와 수입, 그리고 회사생활을 포기하면서 잃게 되는 기대수입에 3년간의 학비와 생활비 등의 비용도 모두 포함시켜야 할 것이다. 섣불리

장밋빛 미래만을 꿈꾸며 무턱대고 법조계에 뛰어드는 것은 오히려 '제 팔자 제가 꼬는' 일일 수 있다.

Q 공기업과 로스쿨에 모두 합격했습니다. 어디로 가는 게 좋을까요?

A 사실 이는 궁극적으로는 본인의 가치관에 달린 문제다. 안정과 도전 중 어느 쪽이 본인의 성향에 맞는지, 또 본인이 원하는지가 중요할 것이다. 아마도 공기업을 준비한 사람이라면 높은 연봉보다는 고용 안정성과 워크앤 라이프 밸런스를 중시하는 가치관을 가졌을 가능성이 높다고 추측된다. 그렇다면 로스쿨 진학보다는 안정적 직장인 공기업에서 직장생활을 일단 시작하는 편이 낫다고 본다.

로스쿨 졸업 후에도 안정적인 직장을 가질 수는 있다. 다만 그럴 확률이 공기업에 취업 확률보다 낮았으면 낮았지, 결코 높지는 않을 것이다. 법조계에 대한 꿈을 갖고 있다면 공기업에서 경력을 쌓은 후에 도전해도 늦지 않다. 물론 머리는 지금만큼 말랑하지 않겠지만, 어느 정도의 경력을 가지고 로스쿨에 진학하는 것이 로스쿨 졸업 후의 커리어에 있어서 분명 도움이 될 것이다.

Q 재학 중 결혼이 가능한가요?

A 재학 중 결혼을 하지 못할 이유는 없다. 현실적으로 결혼을 할 만한 여건이 된다는 것이 전제된다면 말이다. 서울대학교 법학전문대학원의 경우 재학 중 결혼을 하는 경우는 기수 당 서너 명 정도로 그리 많지 않다. 부부 중 한 쪽이 이미 직장을 갖고 있어 어느 정도 지원이 가능한 경우이거나, 부모님으로부터 지원을 받아 생활할 수 있는 경우다. 주로 방학, 그 중에서도 3학년 진학을 앞둔 겨울방학 즈음 결혼식을 올리는 것이 보통인데, 실상 이런 케이스보다는 변호사시험을 마친 후 식을 올리는 경우가 더 많다.

사실 로스쿨 생활에서 재학 중 결혼보다는 재학 중 육아 문제가 더 심각한 고충이라 할 수 있다. 실제로 재학 중 출산을 하거나, 아이가 이미 있는 상황에서 로스쿨에 진학하는 경우 육아와 학업을 병행하기가 만만치 않다고 한다. 미혼이나 아이가 없는 사람들의 경우 육아의 고충을 체감하기 쉽지 않기 때문에, 육아를 로스쿨 수업 몇 학점어치의 부담에 맞먹는다고 비유하기도 한다. 상황이 이렇다 보니 대개 여성 기혼자들은 로스쿨 재학 중 친정이나 시댁으로부터 육아 도움을 받는 것이 보통이다. 자기 몸이 힘들고 지치는 것도 힘들지만 무엇보다도 아이가 엄마와 떨어지기 싫어하고 힘들어하는 모습을 볼 때 가장 마음이 아프다고 한다. 워킹맘의 비애 못지않은 것이 로스쿨맘의 비애가 아닐까 싶다.

Part

2

Who?
누가 다니나?

한때 사법시험 1차 합격자를 우대한다거나 법학 전공자가 유리하다는 등의 풍문이 돌았다. 그러나 과거 법학과 출신의 입학생이 많았던 것은 사법시험이 폐지 수순을 밟으면서 법학 전공 학생들이 대거 법학전문대학원의 문을 두드렸기 때문으로 보는 것이 타당하다. 사법시험을 치렀거나 1차 시험에 합격한 경험이 있는 학생들이 입학한 것 역시 사법시험을 준비하던 수험생들이 법학전문대학원으로 유입되었기 때문에 자연히 나타날 수밖에 없었던 경향이다.

CHAPTER 01

법학

[기수별 법학 전공자 수 및 비율]

	8기 (2016)	7기 (2015)	6기 (2014)	5기 (2013)	4기 (2012)	3기 (2011)	2기 (2010)
법학(명)	11	13	25	44	60	38	29
계(명)	150	126	118	146	146	114	118
비율	7.3%	10.3%	21.2%	30.1%	41.1%	33.3%	24.6%

　위는 서울대학교 법학전문대학원의 기수별 입학생 총원과 그 중 법학을 전공한 학생의 수 및 비율을 나타낸 표이다. 법학전문대학원 시대가 열린 이래 법학을 전공한 학생들이 차지하는 비중은 차츰 늘어가다가 2012년을 기점으로 가파르게 낮아지고 있는 추세다. 법학전문대학원 설립 인가 이후 최후의 법학부 신입생인 08학번에 이르는 법학부 졸업생의 숫자가 차츰 적어진 데 기인한 것으로 보인다. 법학전문대학원이 설치되

지 않은 대학에 법학부가 남아 있기는 하나, 이들 학부 출신의 신입생은 찾아보기 어려운 탓도 있다.

한때 사법시험 1차 합격자를 우대한다거나 법학 전공자가 유리하다는 등의 풍문이 돌았다. 그러나 과거 법학과 출신의 입학생이 많았던 것은 사법시험이 폐지 수순을 밟으면서 법학 전공 학생들이 대거 법학전문대학원의 문을 두드렸기 때문으로 보는 것이 타당하다. 사법시험을 치렀거나 1차 시험에 합격한 경험이 있는 학생들이 입학한 것 역시 사법시험을 준비하던 수험생들이 법학전문대학원으로 유입되었기 때문에 자연히 나타날 수밖에 없었던 경향이다

법학부 최후의 신입생인 08학번들마저 학부를 졸업한 이후 갈수록 법학과 출신의 서울대 법학전문대학원 입학생이 줄어들고 있는 현상 또한 이를 방증하는 것이라 하겠다.

[Sample Case]

	A	B	C
전공	법학	법학	법학
학점/리트	3.90 / 120점대 중반	3.95 / 132	3.9 초반 / 130 초반
어학/자격증	텝스 950	텝스 750, 토익 950	텝스 760 전후
특이사항	• 법무부 국제법무과 인턴	• 영문과에서 전과 • 사법시험 1차 2회 합격	• 사시준비경험 • 석사과정 1학기 이수

A는 우수한 어학 능력을 활용한 차별화 전략의 전형적인 성공사례에 해당한다. 학점은 무난한 편이고, 리트 점수 역시 높은 편은 아니다. 복수전공 역시 하지 않았다. 눈에 띄는 점은 탁월한 어학능력이다. 법학 전공자들 가운데서는 물론이거니와 전체 재학생들 가운데서도 최상위권에 속하는 공인영어시험 성적을 보유하고 있다. 이러한 강점을 법무부 국제법무과 인턴십과 연계하면서 국제법무 분야로 차별화를 시도한 것이 합격요인이라 할 수 있다.

B의 경우 A와 비교하면 학점이 좀 더 높고 리트성적도 10점 가량 높다. 130 초반의 리트 성적은 서울대학교 법학전문대학원 합격자들 가운데서는 무난한 축에 속한다고 볼 수 있다. A와 같은 특별한 차별화 전략이 돋보이지는 않지만, 전반적으로 정량평가 요소가 어느 한 군데 빠지는 부분이 없는 케이스이기도 하다. B는 대표적으로 사법시험에 응시했던 경험이 있는 사례다. 그만큼 오랜 시간 법학 공부에 매진해왔던 것을 장차 진로계획이나 로스쿨 진학 후의 학업계획으로 연결시켜 자신만의 강점으로 내세웠다.

C도 대체로 B와 유사한 스펙을 지녔다. B와 마찬가지로 사법시험을 준비한 경험도 있는데, 법학부 출신으로서 사법시험을 준비하다 로스쿨로 방향을 튼 대표적 사례군에 속한다. C는 법학과 일반대학원에서 석사과정을 이수하던 중 법학전문대학원에 진학했다. 차별화 전략보다는 오

히려 법학 전공에 대한 깊이를 강조했다. 사법시험을 준비하던 법학 전공자들의 경우 학부 학점관리까지 잘 해나가는 경우는 많지 않은데, 높은 학점과 안정적인 리트 성적으로 무난히 합격했다.

CHAPTER 02

상경계열

[기수별 경영/경제 전공자 수 및 비율]

	8기 (2016)	7기 (2015)	6기 (2014)	5기 (2013)	4기 (2012)	3기 (2011)	2기 (2010)
상경(명)	80	63	42	54	41	29	31
계(명)	150	126	118	146	146	114	118
비율	53.3%	50.0%	35.6%	37.0%	28.1%	25.4%	26.3%

　　로스쿨 진학에 상경계열이 유리하다는 소문처럼 상경계열 전공자들의 수는 늘고 있다. 하지만 학부 정원 비율을 고려하면 특별히 상경계열이 많다고는 볼 수 없다. 2009년 주요 대학 법학부가 폐지되면서 그 정원 다수를 상경계열이 가져갔기 때문에 나타나는 착시현상일 뿐이다. 다른 계열 출신들도 유사하지만, 상경계열 출신의 경우 거의 예외 없이 SKY 학부 출신이거나 해외에서 대학을 졸업한 케이스다.

비교적 다양한 학과로 나뉘는 사회과학계열이나 인문계열에 비하여, 상경계열의 경우 전공 자체만 놓고 보면 법학계열 출신 못지않게 균질적인 지원자 집단에 해당한다. 수많은 상경계열 지원자들 가운데서도 '돋보이는 지원자'가 되기 위한 차별화 전략을 구축할 필요성이 더 높다고 볼 수도 있다. 학부를 마치고 바로 로스쿨에 진학하고자 하는 상경계열 학생들의 경우, 학부 수강과목을 잘 설계하거나, 복수전공이나 부전공 제도, 학회나 동아리 등 기타 활동을 통해 자신만의 스토리를 만들어갈 필요가 있다. 세법이나 상법 등 법학 관련 과목을 수강하면서 전공과 법학 사이의 연결고리를 만들어두는 것도 아주 기초적인 전략이 될 수 있겠다.

[Sample Case]

	A	B	C
전공	경영학과	경제학과	경영학과
학점/리트	3.94 / 116	3.8대 / 134	97초반 / 120 중반
어학/자격증	텝스 818		텝스 800 후반 토익 980
복수전공		정치학 부전공	
특이사항	이공계 출신	조기졸업	

A는 학부 학점은 좋지만 리트 성적은 다른 학생들에 비하여 낮은 편이다. '정량적 요소에서는 상당히 불리한데?' 하는 의문이 든다면, A가 이공계 출신으로서 이공계 학부를 졸업한 이력이 있다는 점에 주목하자. 이공계로서의 정체성과 경영학 전공을 결합한 차별화 전략이 정량적 요소

에서의 불리함을 뚫고 서울대학교 법학전문대학원에 입학할 수 있었던 동력이다. 고(高) 리트가 입학에 유리한 것은 부정할 수 없다. 하지만 리트 성적이 낮다고 해서 합격이 불가능한 것만도 아니라는 것을 보여주는 사례인 셈이다.

B는 경제학과 출신으로 높은 리트 성적을 보유했다. 학점이나 리트, 어학 등 어느 방면에서 월등히 뛰어난 면을 보이는 것은 아니지만 전반적으로 빠지는 요소 또한 없다. 눈에 띄는 점은 조기졸업을 했다는 점. 자소서나 면접에 있어서도 특별히 차별화되는 부분은 없었지만, 딱 떨어지는 결격이 없었던 점이 합격 요인이었다고 분석된다. 상경계열 출신 수가 많은 만큼 다양한 배경과 스펙을 지닌 학생들이 입학하게 되는데, 소위 '빠지는 것 없는 스펙'의 소유자에 해당한다고 볼 수 있다.

C는 경영학과 출신으로 리트 성적은 높지 않지만, 학점과 어학 성적은 준수하다. 복수전공이나 대외활동에 관한 특이사항은 없지만, 학교 수업에 성실한 점과 학부 시절 법학 관련 수업을 수강하고 좋은 학점을 취득하여 이 점을 자기소개서에서 특히 어필했다. 법학전문대학원이 설치된 대학의 경우 법학부는 폐지 단계를 밟고 있어 개설되는 법학 전공 수업 수는 차츰 줄어가고 있지만, 교양 수준이라 하더라도 관심 있는 분야와 관련된 법학 과목 등을 학부 시절 수강하면서 이를 로스쿨 진학과 연결시키는 것도 하나의 입시전략이 될 수 있음을 보여주는 사례다.

CHAPTER 03

사회과학계열

[기수별 사회과학 전공자 수 및 비율]

	8기 (2016)	7기 (2015)	6기 (2014)	5기 (2013)	4기 (2012)	3기 (2011)	2기 (2010)
사회과학(명)	29	24	21	22	17	15	21
계(명)	150	126	118	146	146	114	118
비율(명)	19.3%	19.0%	17.8%	15.1%	11.6%	13.2%	17.8%

매해 20명 안팎의 사회과학 전공자들이 서울대학교 법학전문대학원에 입학한다. 사회과학계열 출신이 전체 입학생에서 차지하는 비중은 최근 조금씩 증가하는 추세를 보이고 있으나 상경계 출신만큼 가파른 상승세는 아니어서, 이를 의미 있는 변화라고 속단하기는 이르다. 사회과학계열은 정치학, 외교학, 사회학, 신문방송학, 심리학, 사회복지학, 행정학, 인류학 등 다양한 전공과목을 망라하고 있는 만큼 세부 전공으로 나누어

보면 그 수와 비중은 경영/경제에 비할 바 아니기 때문이다.

　사회과학계열은 다양한 세부 전공으로 나뉘는 만큼, 자신의 전공 특성을 살린 차별화 전략을 짜고 자기소개서를 통해 이를 충분히 어필했는지가 합격 여부에 상당한 영향을 미칠 수 있다. 대외활동과 같은 정성평가 요소가 전공 특성 및 관심사와 일맥상통한다면 더욱 돋보일 수 있다. 아래 Sample Case의 C와 같은 경우가 이러한 대표적인 사례에 해당한다.

[Sample Case]

	A	B	C
전공	행정학	정치외교학	정치학
학점/리트	3.95 / 130 후반	4.37 / 130 초반	3.91 / 136
어학/자격증	텝스 900 초반	토플 113	텝스 705
복수전공	경제학	행정학	경제학 부전공
특이사항		아름다운재단 봉사활동 NGO 운영위원 지역아동센터 봉사활동	한반도 문제(대북정책 등)에 관한 정성평가 요소 누적

　A의 경우 학점은 무난한 편이고, 상대적으로 리트 성적과 어학 성적은 높다. 별다른 대외활동은 많지 않지만, 학부 전공과 복수 전공인 경제학을 연계하여 공공부문에서 정책설계 쪽으로의 진로계획과 학업계획으로 차별화 요소를 두었다. 학부에서 수강한 행정법, 법경제학 수업 등에서 우수한 학점을 받은 점을 부각시키면서, 전공과 복수전공 그리고 법학 사이의 매끄러운 연결고리를 만들어가며 자기소개서에 공을 들였던 점이

합격에 긍정적으로 작용했을 것으로 보인다. 반드시 대외활동 내역이 화려해야만 서울대학교 법학전문대학원에 합격할 수 있는 것은 아님을 보여주는 사례다.

B의 경우 학점이 매우 높은 점이 우선 눈에 띈다. 어학 성적도 좋다. 특히 B는 봉사활동 경험이 풍부한데, 학부전공과 봉사활동 경력을 연계하여 공익 인권 분야에 대한 관심을 특히 강조하여 차별화를 시도했다. 자기소개서로만 봐서는 모두들 인권변호사가 꿈이라고 할 만큼 공익 인권 분야에 대한 관심을 어필하는 경우가 많은데, B와 같이 실제 활동사항을 통해 그와 같은 관심사를 적극적으로 소명해야 비로소 설득력 있는 자기소개서가 될 것이다. 실제 B는 이와 같은 성공적인 차별화 전략과 우수한 정량평가 요소에 힘입어 우선선발전형으로 합격했다.

C의 경우 학점은 무난하며 리트 성적은 준수하다. 어학 성적은 입학생들 가운데는 높지 않다. 어학 능력으로 차별화를 시도할 것이 아닌 이상, 공인영어시험 성적의 기준치 정도만 충족시켜도 충분하다는 점을 몸소 증명하는 케이스라 할 수 있다. 대북정책에 대한 관심도가 높아 이에 관한 활동내역과 전공을 연계하면서, 장차 통일법 전공의 교수님 밑에서 통일법 연구를 하고 싶다는 점을 적극적으로 어필했다. 전공 특성과 관심사, 법학전문대학원 진학 후의 학업 계획 및 진로 등이 서로 잘 연계되는 점이 돋보인다. 차별화 전략의 중요성을 다시 한 번 확인할 수 있는 케이스다.

CHAPTER 04

인문계열

[기수별 인문계열 전공자 수 및 비율]

	8기 (2016)	7기 (2015)	6기 (2014)	5기 (2013)	4기 (2012)	3기 (2011)	2기 (2010)
인문(명)	12	7	11	9	9	7	10
계(명)	150	126	118	146	146	114	118
비율	8.0%	5.6%	9.3%	6.2%	6.2%	6.1%	8.5%

    인문계열 전공자 수는 매해 10명 안팎 수준에 머무르고 있다. 4기 이후로 법학부 출신의 신입생 수가 매년 큰 폭으로 줄어들었음에도, 인문계열 출신 입학생 수는 뚜렷한 증가세를 보이지 못하고 매해 증감을 반복하고 있다. 사학이나 철학, 미학 전공자보다는 어문계열 출신이 차지하는 비중이 더 높은 편이지만, 전체적으로 보아 특정 학과 출신에 편중되지 않고 다양한 전공 별로 매해 1~2명씩 입학하는 양상을 보인다.

인문계열이라는 하나의 카테고리로 묶어두었지만, 사회과학계열과 마찬가지로 인문계열 역시 다양한 전공으로 나뉘는 만큼 자신의 학부 전공과 법조인으로서의 진로 사이의 연결고리를 만들어가는 것이 중요하다. 학부 전공을 통해 갖게 된 문제의식을 살려 외부 활동에 참여하고 이를 자기소개서 작성에 활용하는 것도 한 방법이 될 수 있다.

어문계열의 경우, 중국어 구사능력을 활용하여 중국과의 거래에 관한 기업법무 전문가가 되겠다는 청사진을 제시하는 것과 같이, 뛰어난 어학 능력을 부각시키면서 법조인으로서의 진로를 구체화하는 것도 가능하다. 그러나 어문계열 출신이라고 하여 반드시 탁월한 어학 능력을 갖춘 사람만이 서울대 로스쿨에 입학한 것은 아니다. 오히려 어문계열 출신이지만 어학 능력보다는 자신의 기타 활동사항을 부각시켜 이를 차별화 요소로 삼은 케이스도 있다. 아래 Sample Case를 보자.

[Sample Case]

	A	B	C
전공	중어중문	인문계열	영어영문
학점/리트	3.9 / 130	3.7대 / 120 후반	4.1 / 137
어학/자격증	텝스 860 HSK 6급	텝스 760	텝스 893
복수전공			
특이사항	국회 인턴십 학생회 활동	국회 유급인턴 논문대회 수상	영문과 심화전공 중앙동아리 회장 금융기관 인턴십

A의 경우 학점과 영어 성적은 무난한 편이고, 리트 성적이 좋은 축에 속하지는 않지만, 중문과 출신답게 HSK 6급까지 보유하고 있다. 하지만 어학 능력을 합격을 위한 필승전략으로 활용한 케이스는 아니다. 장차 입법부로 진출하고자 하는 진로계획과 이에 맞는 활동사항을 엮어 자기소개서에 적극 어필한 점이 긍정적으로 작용했을 가능성이 높다.

B 역시 차별화 전략과 이에 맞춘 자기소개서 작성의 힘으로 정량평가 요소의 부족함을 커버한 케이스로 볼 수 있다. 학짐이나 리트, 어학 성적은 A보다 낮은 편이지만 논문대회 수상실적이나 인턴십과 같은 대외활동 경험을 엮어 입법 분야에 대한 관심사를 적극적으로 부각시켰다. 로스쿨의 취지에 맞추어 전통적인 법조 3륜의 역할을 넘어 입법 영역에서의 변호사로서의 활동에 대한 진로를 설정하며 이를 통해 차별화에 성공했다.

C의 경우 학점, 리트, 어학 성적 고루 준수하다. 영문과를 심화전공하면서도 평균 A0를 훨씬 상회하는 우수한 학점이 특히 눈에 띈다. 이 책에서 소개한 사례군 가운데서도 학점이 상당히 높은 편에 속한다. C와 같은 사례는 탁월한 정량적 요소가 얼마나 큰 강점이 될 수 있는지를 보여준다. 전반적으로 뛰어난 정량평가 요소에 덧붙여 자기소개서에 있어서도 높은 학점과 성실성을 부각시키는 데 집중하면서 무난히 합격한 사례라고 할 수 있다.

CHAPTER 05

이공계열

[기수별 이공계열 전공자 수 및 비율]

	8기 (2016)	7기 (2015)	6기 (2014)	5기 (2013)	4기 (2012)	3기 (2011)	2기 (2010)
이공계열(명)	11	17	17	15	18	19	22
계(명)	150	126	118	146	146	114	118
비율	7.3%	13.5%	14.4%	10.3%	12.3%	16.7%	18.6%

위에서 보는 바와 같이 이공계열 출신의 서울대학교 법학전문대학원 신입생의 수는 매해 약 20명 안팎으로 대동소이한데, 2016년 들어 이공계열 출신 합격자 수가 부쩍 줄어든 점이 눈에 띈다. 이공계열 출신 합격자 수 감소가 일시적 현상인지, 이러한 감소세가 지속될지는 좀 더 지켜볼 필요가 있을 것이다. 다만, 줄어든 이공계열 신입생 수는 리트 응시자 감소 추세와 마찬가지로, 직업으로서의 법조인의 매력이 하락한 데 따른

현상일 가능성이 있다. 이공계열의 경우, 대학 진학 시부터 법학전문대학원 진학을 염두에 두고 전공을 택하는 경우가 많지 않기 때문에, 법조인이라는 직업의 매력이 하락함에 따라 양질의 지원자 수 자체가 감소한 결과 이공계열 출신 신입생 또한 줄어들었을 수도 있다는 것이다.

법학이나 상경계열 등과 비교할 때 이공계열만의 특징이 있다면 출신 학부가 서울대에서부터 해외대학이나 포항공대, 카이스트, 성균관대와 중잉대에 이르기까지 매우 다양하다는 점이다. 이 중에는 매 기수 2명 안팎의 의약계열 전공자도 포함되어 있다. 이런 인적 구성으로 인해, 포항공대나 카이스트와 같은 특정 학교나 의약계열과 같은 특수 전공에 대한 세부적인 TO가 정해져 있다는 이야기가 정설처럼 받아들여지고 있다.

[Sample Case]

	A	B	C
	이학계열	공학계열	공학계열
학점/리트	3.6~3.9 / 140 이상	3.9 / 130 중반	3.95 / 123
어학/자격증	텝스 800점대	텝스 800 초반	텝스 750점대
복수전공			
특이사항	학생회 대통령 장학금 석사 학위 소지	2년간 연구실 근무	차석 졸업 전공 분야 관련 벤처기업 근무 현대중공업 근무

A의 경우 학점이나 어학 성적은 평범한 수준이다. 다만 해당 전공 분야에서 석사 과정을 마쳤다는 점이 돋보인다. 이공계열은 자신의 학부 전공 분야에 대한 높은 전문성으로 어필하는 경우가 많으므로 석사 학위까지 마쳤다는 점이 유리하게 작용했을 것으로 보인다. 압도적인 수준의 리트 성적도 무시할 수 없는 합격 요인이다. 속된 말로 '리트 깡패'라 불리는 집단에 속하면서 기타 정량적 요소나 정성평가 요소도 부족하거나 빠지지 않아 무난히 합격한 케이스라 할 수 있다.

B의 경우에도 학점이나 어학은 A의 경우와 유사하다. 리트 성적은 압도적이라고 할 수는 없지만, 좋은 축에 속하는 편이다. 대체로 샘플 케이스에서 많이 보이는 학점 군에 속하지만 상대적으로 전공 학점이 높았고 4학년까지 성적이 꾸준히 오른 점, 높은 과 등수가 유리하게 작용한 것으로 보인다. 비슷한 학점을 지녔더라도 어떤 수업들에서 우수한 성적을 받았는지를 보여주는 것은 큰 장점이 될 수 있다. 실제로 현 서울대학교 법학전문대학원장인 이원우 교수는 신문 인터뷰를 통해 단순히 학점만을 보는 것이 아니라 어떤 과목을 수강했는지도 살펴본다고 밝혔다. 손쉽게 학점을 따기 쉬운 교양 과목을 위주로 학점을 올린 케이스보다는 이처럼 자신의 전공 수업들에서 좋은 성적을 거둔 케이스가 더 긍정적인 평가를 받는다는 점을 참고하여 학점 관리에 유념해야 할 것이다.

회사에 다니다가 커리어 활로를 개척하고자 로스쿨 진학을 결심한 지원자들은 C와 같은 사례에 주목할 필요가 있다. C는 리트 성적은 높지 않지만 학부를 차석으로 졸업했다. 자기소개서에서도 이 점을 특히 부각시켰다. 전공 분야에 관한 벤처기업 및 대기업 근무 경험을 바탕으로 전문성을 부각시키며, 학부 전공과 법학을 연계한 전문분야 개발을 적극 어필했다. 우수한 학부 졸업 성적 및 근무 경력이 C의 차별화 요소로 작용했다. 학부 졸업 후 로스쿨에 바로 진학한 학생들에 비하여 공인영어시험 성적이나 리트 성적은 그리 높지 않지 않은 것은 사실이다. 그러나 사회생활을 경험한 사람으로서 학부 졸업예정자들에게는 없는 자신만의 강점을 어필하는 차별화 전략으로 불리함을 커버할 수 있음을 보여주는 단적인 사례다.

CHAPTER 06

기타

[기수별 해외대학 및 국제학부 출신 입학생 수 및 비율]

	8기 (2016)	7기 (2015)	6기 (2014)	5기 (2013)	4기 (2012)	3기 (2011)	2기 (2010)
해외대학등(명)	6	2	3	4	3		
계(명)	150	126	118	146	146	114	118
비율	4%	1.6%	2.5%	2.7%	2.1%		

　　해외대학 및 UIC 등 국제학부 출신은 앞서 소개한 계열별 전공자 수 및 비율에 관한 표에서는 실제 전공에 따라 분류했다. 위의 표는 전공과 무관하게 해외대학 및 국제학부 출신자만을 별도로 추산하여 그 수와 전체 입학생 중 비율을 표기한 것이다. 해외대학 및 국제학부 출신은 주로 경제학과를 전공한 경우가 많으며 이학이나 공학을 전공한 사례는 드물다.

해외대학 출신의 경우 어학성적 제출은 면제되지만, 이들은 기본적으로 압도적인 공인어학 성적에 제2외국어 성적 또한 보유하고 있는 경우가 많다. 다른 전공 출신이나 학부 출신들도 대개 비슷하겠지만, 해외대학이나 국제학부 출신의 지원자들 가운데서 경쟁이 이루어진다고 보아야 한다. 따라서 높은 어학 실력만으로는 이들에겐 충분한 차별화 전략이 될 수 없다. 압도적인 학점이나 리트 성적 등으로 정량적 요소에서 점수를 따거나, 어학 실력을 발판 삼아 학부 전공과 연계하여 로스쿨 진학 후의 학업 계획 및 진로를 설득력 있게 구성하는 것이 더욱 주효할 것이다.

[기수별 사범대 전공자 수 및 비율]

	8기 (2016)	7기 (2015)	6기 (2014)	5기 (2013)	4기 (2012)	3기 (2011)	2기 (2010)
사범대(명)	7	2	2	2	1	6	4
계(명)	150	126	118	146	146	114	118
비율	4.7%	1.6%	1.7%	1.4%	1.4%	5.3%	3.4%

로스쿨 초창기에는 사범대 출신 합격자가 매해 5명 안팎이었으나, 4기 이후로 1~2명 수준으로 줄어들었다. 그러나 2016년 들어서는 7명의 사범대 출신이 신입생으로 입학하며, 다소 종잡을 수 없는 추세를 보이고 있다.

[Sample Case]

	A	B	C	D
전공	국제학부(경제학)	아이비리그 출신 경제학 전공	미국 학부 졸업	사범대학
학점/리트	3.73 / 140.6	3.6후반(4.0만점) / 140 초반	3.81(4.0만점) / 131.7	3.9대 / 138.5
어학/ 자격증	토익 990 텝스 965 토플 117 구hsk 11급 신hsk 6급	TCF B2급(프랑스어)	토익 990	텝스 800 중반
복수전공			중국어, 음악	경제학
기타	• 번역 봉사활동	• 정책 관련 인턴십	• 음악치료 봉사 활동 • 김앤장, 세계검찰총장회의 인턴십 • 회계법인, 로펌, 컨설팅, 사회적 기업 등 인턴십 경험 다수	• 법조 관련 봉사 활동 • 봉사상 수상 • 조기졸업 • 군필

A는 국제학부 출신으로 경제학을 전공했다. 학점은 높지 않지만 140점을 넘는 매우 높은 리트 성적으로 학점에서의 불리함을 커버할 수 있었다. 또한 토익, 토플, 텝스 등 시험 종류를 가리지 않고 최상위권의 공인영어시험 성적을 보유한데 더불어 hsk 6급으로 우수한 중국어 실력까지 갖췄다. 봉사활동 역시 탁월한 어학 실력을 활용한 재능기부로 채웠다. 압도적인 어학 실력 및 리트 성적을 앞세워 법조 시장 개방이

다가오고 있는 시점에서 경쟁력 있는 법조인으로서의 재목임을 어필하며 합격한 케이스라 볼 수 있다.

B는 아이비리그 출신으로서 마찬가지로 경제학을 전공했다. 역시 높은 리트 성적이 돋보인다. 해외대학 출신으로서 공인어학시험 성적 제출은 면제되어 토플이나 텝스와 같은 어학성적은 없지만 제2외국어 자격증을 보유하고 있다는 점이 특이사항. 미국에서 정책 관련 인턴으로 일하는 등 법조계 관련 분야에 대한 관심사를 가지고 대외활동을 이어온 점을 자기소개서에서 집중적으로 부각시켰다. 높은 리트 성적과 이러한 로스쿨 진학에 관련된 대외활동이 긍정적인 평가를 받았을 것으로 보인다.

C도 경제학 전공자이다. 리트 성적은 무난한 축에 속하지만, 학점이 우수하고 다양한 인턴십과 봉사활동 경험 등 대외활동이 풍부한 것이 강점이다. 그 중에서도 회계법인이나 로펌, 컨설팅 등 로스쿨 졸업 후의 진로에 관한 다양한 선택지들을 미리 인턴십을 통해 경험해본 점, 김앤장이나 세계검찰총장회의 인턴십과 같이 법조 분야에 관한 인턴십 경험이 다수 있다는 점을 부각시켰다.

D는 이중전공을 이수하면서도 학부를 우수한 성적으로 조기졸업했다. 게다가 어학 성적도 좋은 편이며, 높은 리트 성적을 보유했다. 법조

관련 봉사활동을 꾸준히 해왔고, 이를 통해 봉사상까지 수상한 경력이 있는데 이를 자기소개서를 통해 적극적으로 어필하면서 우선선발전형으로 서울대학교 법학전문대학원에 입학했다. 정량평가 요소의 우수성도 중요하지만, 법학전문대학원 진학에 이르게 된 동기나 법조인으로서의 진로에 관한 설득력 있는 스토리 또한 중요하다는 점을 보여주는 사례다.

법조 관련 봉사활동이나 인턴십 등의 대외활동이 로스쿨 입학에 필수는 아니지만 이러한 스토리를 만들어나갈 수 있는 훌륭한 소재임에는 틀림없다. 로스쿨 진학을 염두에 두고 있는 학부생이라면, 대외활동 선택에 있어 C나 D와 같은 사례를 참고하자. 유관 분야에서의 인턴십이나 봉사활동 경력을 꾸준히 쌓아간다면 진학 동기나 진로계획 등에 관한 자기소개서 작성이 한결 수월할 것이다.

Part

3

How
입학 수험 전략

법학적성시험 준비의 첫걸음은 시험문제 유형을 파악하고 앞으로 공부할 방향을 잡는 데서 시작한다. 수험 준비과정에서도 최소한 5번 이상 기출문제를 풀어보고, 어떤 사고과정을 거쳐 답에 이르는지 그 논리과정을 정확하게 파악하도록 하자. 기출문제를 분석하면서 논리를 반복적으로 습득해야 하는데, 이때 유의할 점은 자신이 틀렸던 문제뿐 아니라, 이미 맞추었던 문제까지도 철저하게 답에 이르는 논리를 재검증하는 과정을 거쳐야 한다는 점이다. 실전시험에 응시하러 가기 전 마지막 단계에서도 사고과정을 확인·정리하는 의미에서 기출문제를 풀어보자.

CHAPTER 01

입학전형요소 및 배점

특별전형/일반전형

서울대학교 법학전문대학원의 입학 전형은 크게 특별전형과 일반전형으로 나눠진다. 특별전형은 특수교육대상자(1급-3급 장애인), 국가유공자, 기초생활수급권자, 농·어촌지역출신자, 북한이탈주민을 대상으로 하며, 총 입학정원(150명)의 6% 이상인 9명 이상을 특별전형으로 선발한다. 특별전형을 제외한 나머지 인원인 141명 이내에서 국내·외 대학에서 학사학위를 취득한 자(취득예정자 포함)를 대상으로 일반전형이 진행된다.

일반전형에는 우선선발과 심층선발이 있었는데, 2017학년 입시부터는 우선선발 제도가 폐지되었다. 심층선발의 경우, 모집인원에서 우선선발 인원을 제외한 인원의 3배수 이내의 범위에서 심층선발 대상자가 선정된다. 심층선발 대상자는 심층면접을 치르고, 최종적으로 서류평가 성적과 면접고사 성적을 합산한 성적이 높은 순으로 합격 여부를 가리게 된다.

전형요소 및 배점

서울대학교 법학전문대학원의 2017학년도 입시 전형요소 및 배점은 다음과 같다.

[2016학년도와 비교한 2017학년도 서울대입시 전형]

구분		전형요소	2017학년		2016학년	
			단계	배점	단계	배점
일반전형	우선선발	LEET	폐지		1단계	80
		학부성적				100
		정성평가				120
		면접			2단계	적/부
	심층선발	LEET	1단계 (2.5배수)	100	1단계 (3배수)	80
		학부성적		100		100
		정성평가	2단계 (1.5배수)	50		120
		면접	3단계 (최종)	50	2단계	200
특별전형		LEET	1단계 (3배수)	100	1단계 (3배수)	80
		학부성적		100		100
		정성평가		100		120
		면접	2단계 (최종)	100	2단계 (최종)	100

2017 심층선발 2단계 = 정성평가 + 1단계 성적
2017 심층선발 3단계 = 1~3단계 총점 순 최종합격자 선발

[2017학년도 서울대 로스쿨 입학전형 내용]

대학명 [특성화 분야]	모집 인원 ('가'군/ '나'군)	전형방법 및 내용		선발방법		특별 전형 (모집군, 인원)	비 고
		1단계 [합계]	2단계 [합계]	1단계	2단계		
서울대 [국제 법무, 공익 인권, 기업 금융]	150 (150 /0)	『일반전형』 • 어학성적 : P/F • LEET성적 : 100점 • 대학성적 : 100점 [합계 : 200점]	『일반전형-2단계』 • 1단계 성적 : 200점 • 정성평가 : 50점 『일반전형-3단계』 • 면접 및 구술고사 : 50점 [합계 : 300점]	정원의 250% 선발	『2단계』정원의 150% 이내에서 선발 『3단계』총점순위 (단, 비법학사·타대학 쿼터 충족을 위한 변동가능)	9명 이상 ('가'군)	• 비법학사 : 1/3 이상 • 타 대학 : 1/3 이상
		『특별전형』 • 어학성적 : P/F • LEET성적 : 100점 • 대학성적 : 100점 • 정성평가 : 100점 [합계 : 300점]	『특별전형』 • 1단계 성적 : 300점 • 면접 및 구술고사 : 100점 [합계 : 400점]	정원의 300% 이내 선발			

- 1단계 전형의 'LEET 성적'은 법학적성시험의 언어이해, 추리논증 영역의 성적을 말하는 것이며, '논술'은 법학적성시험의 논술 영역을 의미하는 것임. (논술은 개별 법학전문대학원에서 채점 및 활용여부 결정함)

※ 2017학년도 결원인원 보충('정원외 인원' 선발) 제도는 "법학전문대학원 설치·운영에 관한 법률 시행령" 개정에 따라 시행여부 결정.

　서류평가는 ① 적성시험(LEET), ② 학업성적, ③ 정성평가 세 부분으로 나누어지는데, 정성평가는 외국어 능력, 지원자가 제출한 자기소개서 및 경력계획서, 사회활동 및 봉사활동이 반영되는 부분이다.

전형일정 및 입학전형설명회

입학전형과 관련해 상세한 설명은 서울대학교 법과대학 홈페이지 (http://law.snu.ac.kr)의 '게시판→입학게시판'에서 확인할 수 있다. 매년 7월경 법학전문대학원 신입생 모집 안내가 공고된다.

2016학년도 입학과 관련해 2015. 9. 23. 법학전문대학원 100주년 기념관에서 입학준비학생, 학부모 및 관계자들을 대상으로 입학전형 설명회가 개최되었다. 설명회에서는 서울대학교 법학전문대학원 소개, 2009학년도부터 2015학년도 입학전형 결과 설명, 2016학년도 신입생 선발 방향에 관한 계획 설명, 입학에 관한 질의응답 등이 이어졌다.

설명회 일정은 공식홈페이지 입학게시판에 미리 공고되므로 참고하면 된다.

CHAPTER 02

법학적성시험
(LEET)

시험일정 및 구성

2017학년도 법학적성시험은 2016. 8. 28. 일요일에 시행된다. 법학적성시험 원서접수는 2016. 7. 5.부터 2016. 7. 14.까지이며, 시험성적은 2016. 9. 20. 확인할 수 있다.

매해 위와 비슷한 시기에 법학적성시험이 시행되었으며, 시행계획 공고는 공식홈페이지(http://www.leet.or.kr)의 '법학적성시험→시행공고'란이나 '알림마당→공지사항'란에서 확인할 수 있다.

법학적성시험 응시자격에는 제한이 없다. 다만, 법학전문대학원 입학자격은 '학사학위를 가지고 있는 자 또는 이와 동등 이상 학력이 있다고 인정된 자, 해당연도 졸업예정자'로 제한된다.

법학적성시험은 ① 언어이해 영역, ② 추리논증 영역, ③ 논술 영역으로 구성된다. 각 영역별 문항 수 및 시험시간은 다음과 같다.

교시	시험영역	문항 수	시험시간	문항형태
1	언어이해	35	09:00~10:20 (80분)	5지선다형
2	추리논증	35	11:00~12:50 (110분)	5지선다형
점심시간			12:50~13:50	
3	논술	2	14:00~16:00 (120분)	서답형
계	3개 영역	72문항	310분	

반영방법

일반전형 정성평가 배점이 전년도 120점에서 올해 50점으로 줄었고, 면접 및 구술고사 배점도 전년도 200점에서 올해 50점으로 150점 낮아졌다. 법학적성시험은 전년도 80점에서 올해 100점으로 비중이 높아졌다.

법학전문대학원 입학지원서 접수 마감일을 기준으로 1년 이내에 법학적성시험에 응시해 성적을 제출해야 하므로, 올해 법학적성시험에 응시했다면 그 해 입학지원에 시험성적을 활용할 수 있고, 최종적으로 불합격되었다면 다음 해 다시 새로운 법학적성시험에 응시해야 한다. 다만, 전년도에 응시한 법학적성시험 성적표를 제출하는 것은 가능하며 이는 평가 시 참고자료로 활용된다.

법학적성시험은 언어이해 및 추리논증 두 영역의 표준점수 평균이 반영되며, 논술점수는 면접 및 구술고사의 참고자료로만 활용된다(2016년 입시전형에서는 논술지문이 문제로 출제되는 것이 아니라는 점을 명시하였다).

중요성 및 준비기간

중요성

이미 대학을 졸업한 경우, 일반전형 서류평가(배점 250점)요소 중 학업성적(배점 100점)을 변경하는 것은 불가능하다. 또한, 서류평가 중 정성평가(배점 50점)에 반영되는 사회활동 및 봉사활동 경력은 단기간 내에 만들어내기가 쉽지 않다. 때문에 법학적성시험(배점 100점)에서 가급적 높은 성적을 거두는 것이 중요하다.

다만, 법학적성시험이 합격을 좌우하는 절대적인 기준은 아니다. 법학적성시험 성적이 높지 않은 경우에도 간혹 서울대학교 법학전문대학원에 합격하는 경우가 있는데, 학업성적이 매우 우수하고 사회활동 경력이 특이하다거나, 특출한 자기소개서 및 경력계획서를 제출하고 면접 및 구술고사에서 우수한 성적을 거둔 경우이다.

위와 같이 다양한 요소들이 복합적으로 작용해 당락을 좌우하므로, 일률적으로 법학적성시험에서 몇 점 이상의 성적을 거두어야 한다고 단정

다양한 요소들이 복합적으로 작용해 당락을 좌우하므로, 일률적으로 법학적성시험에서 몇 점 이상의 성적을 거두어야 한다고 단정해 말하기는 어렵다.

해 말하기는 어렵다. 다른 전형요소들을 모두 배제하고 보았을 때, 일반적으로 언어이해 및 추리논증 영역의 표준점수[3]를 합산한 점수가 140점 이상인 경우 안정권이라 볼 수 있고, 상당수 합격생들은 130점 이상의 성적을 거둔 것으로 알려져 있다.

공식홈페이지(http://www.leet.or.kr)의 '알림마당→공지사항'란에서 역대 법학적성시험 채점결과를 확인할 수 있으니 참고하자(언어이해, 추리논증 영역별로 표준점수 급간별 빈도를 확인할 수 있는데, 서울대학교 법학전문대학원의 입학정원은 150명이라는 점을 감안해 살펴본다).

준비기간

법학적성시험의 준비기간은, 개인차가 있으나 일반적으로 1년을 넘지 않는 수준이다.

공부방법

기출문제 풀이

법학적성시험을 준비하는 데 있어서 가장 중요한 것은 기출문제 풀이다. 법학적성시험과 관련해 다양한 참고서적이 시중에 판매되고 있지

---

3) 법학적성시험의 성적은 원점수가 아닌 표준점수로 환산한 성적이 반영된다.

만, 기출문제는 철저하게 검증된 완성도 높은 문제라는 점에서 더욱 중요하다.

법학적성시험 준비의 첫걸음은 시험문제 유형을 파악하고 앞으로 공부할 방향을 잡는 데서 시작한다. 수험 준비과정에서도 최소한 5번 이상 기출문제를 풀어보고, 어떤 사고과정을 거쳐 답에 이르는지 그 논리과정을 정확하게 파악하도록 하자. 기출문제를 분석하면서 논리를 반복적으로 습득해야 하는데, 이때 유의할 점은 자신이 틀렸던 문제뿐 아니라, 이미 맞추었던 문제까지도 철저하게 답에 이르는 논리를 재검증하는 과정을 거쳐야 한다는 점이다. 실전시험에 응시하러 가기 전 마지막 단계에서도 사고과정을 확인·정리하는 의미에서 기출문제를 풀어보자.

현재까지 법학적성시험은 2009학년도(2008. 8. 24. 시행)를 시작으로 2015학년(2014. 8. 17. 시행)까지 7회 시행되었는데, 공식홈페이지(http://www.leet.or.kr)의 '자료실→기출문제'란에서 역대 기출 및 정답을 무료로 확인할 수 있다. 또한, 법학적성시험 출제·시행기관에서 법학적성시험 기출문제 및 해설을 담은 책자(법학적성시험연구)도 발간하고 있으니 참고하자.

참고서적
일반 참고서적의 경우, 철저한 검증과정을 거치지 않았기에 출제된 문제에 출제자의 자의적인 해석이 포함되어 있거나 답에 이르는 과정에 논리적 비약이 존재할 가능성이 있다. 따라서 법학적성시험과 유사하지만 다른 공식적인 시험의 기출문제를 참고하는 것은 상당한 도움이 된다.

의치학교육입문검사(MDEET)의 언어추론영역[4], 약학대학입문자격시험(PEET)의 언어추론영역[5], 공직적격성평가(PSAT)의 언어논리영역 및 상황판단 영역의 기출문제는 정확한 독해가 요구되는 점, 엄정한 논리적 사고를 통해 정답을 도출해야 한다는 점에서 법학적성시험과 유사하므로 이를 다룬 참고서적들을 활용하도록 한다.

합격생 A는 이·공계 전공으로 언어이해 영역에 특히 취약했다고 한다. A는 언어이해 영역을 준비한 비법으로 역대 대학수학능력시험의 언어영역 기출문제를 모두 구해서 풀었던 것을 꼽았다. 이처럼 정확하고 완성도 높은 문제를 반복 학습하는 것이 중요하다.

그룹 스터디

그룹 스터디는 상당히 효과적인 공부방법이다. 성공적인 스터디를 운

---

4) 2006학년도부터 시행된 의치의학교육입문검사는 2012학년도까지만 언어추론영역이 포함되었다.

5) 2011학년도부터 시행된 약학대학입문자격시험은 2012학년도까지만 언어추론영역이 포함되었다.

영하기 위해서는 먼저 멤버 구성이 중요하다. 법학적성시험에는 '특정 학문' 전공자에게 유리하지 않도록 인문·사회·과학·예술 등의 다양한 학문적 소재가 포괄적으로 다루어진다. 문제 지문을 이해하는 데 전문적인 지식이 동원될 필요는 없지만, 다양한 전공의 학생으로 구성된 스터디를 활용한다면, 전공자를 통해 출제된 문제를 심도 있게 이해할 수 있는 것은 물론 이와 관련된 배경지식을 쉽게 접할 수 있는 장점이 있다.

또한, 구성원 간에 각 영역을 어떻게 공략하는 것이 효과적인지, 교재로 어떤 것을 추천하는지, 시간 배분의 요령으로 어떤 것이 있는지 등의 고급정보를 교환할 수 있다. 법학적성시험 기출이나 참고서적 문제를 풀면서 내가 미처 생각하지 못했던 논리를 다른 구성원이 지적해주는 경우도 있다. 만약, 스터디 내에서 내가 전담해 맡은 부분이 있다면, 다른 사람들에게 설명해야 한다는 부담감 때문에 혼자 공부하는 것보다 더 깊이 책임감 있게 공부하게 된다.

다만, 시간이 지나면서 학업의 본질을 잊고 단순 친목모임으로 전락할 염려가 있으니 주의하도록 한다. 이를 예방하기 위해 구성원 간 시간 약속은 철저히 지키도록 하고, 스터디에 참석하지 못하거나 과제 분량을 해내지 못한 구성원이 있을지라도 전체적인 일정에 차질이 없도록 계획에 따라 스터디를 진행하자.

법학적성시험에는 '특정 학문' 전공자에게 유리하지 않도록 인문·사회·과학·예술 등의 다양한 학문적 소재가 포괄적으로 다루어진다.

학원 강의

법학적성시험을 준비하는 데 있어 학원 강의가 효과적인지 여부는 개인 성향에 따라 다르므로 일률적으로 말하기 어렵다. 계획적으로 꾸준히 공부하고자 하는 의지가 약한 경우에는 어느 정도의 강제력을 선사할 수 있다는 점에서 도움이 된다. 또 법학적성시험에서 다루는 문제가 지나치게 생소해 어디서부터 무엇을 해야 할지 모르는 경우에는 기본적인 맥락을 짚어줄 수 있다는 점에서 도움이 된다. 특히, 논술영역의 경우 학원 강의를 통해 내가 작성한 글에 대해 첨삭을 받을 수 있다는 장점이 있다. 다만, 서울대학교 법학전문대학원은 논술 점수를 적성시험 점수에 직접 반영하지는 않고, 면접 및 구술고사의 참고자료로만 활용한다는 점을 유념하자.

모의고사

실전시험에서 가장 중요한 것은 바로 시간 배분이다. 따라서 모의고사를 통해 실전시험과 유사한 분위기에서 정해진 시간 내에 OMR 마킹까지 끝내는 연습을 하는 것은 매우 중요하다.

언어이해의 경우, 지문당 시간 배분을 어느 정도로 할지, 어휘·어법 문제를 제일 마지막에 푸는 것이 효과적인지, 잘 모르는 문제를 만났을 경우 어느 정도의 시간을 투자한 후 다음 문제로 넘어가는 것이 좋은지 자신만의 페이스를 만들도록 한다.

추리논증의 경우, 어려운 문제에 지나치게 많은 시간을 할애하면 시간에 쫓겨 쉬운 문제까지 놓칠 수 있기 때문에 어려운 문제는 미리 넘기고 제일 마지막에 푸는 요령도 필요하다.

각종 학원에서 법학적성시험에 대비한 자체 모의고사를 시행하고 있고, 이러한 모의고사 문제를 시중 서점을 통해 구매할 수도 있으니 이를 적극 활용해 몸소 시간관리 요령을 터득하도록 하자.

CHAPTER **03**

학업성적

반영방법

일반전형 서류평가에 대한 배점 250점 중 학업성적은 100점의 비중을 차지한다. 학업성적은 학사과정 성적만 평가대상이며, 둘 이상의 학사과정을 졸업한 경우에는 지원자가 선택한 학사과정의 성적이 평가된다. 또한, 편입학 경력이 있는 경우 모든 전적 대학의 성적표를 제출해야 한다.

중요성

서울대학교 법학전문대학원의 경우 합격생들의 학업성적(이하 '학점'이라 한다)이 타 학교보다 높은 편이다. 먼저 서류평가 250점 중 법학적성시험의 배점이 100점, 학업성적 100점을 차지한다. 또한, 타 학교 입시의 경우 공익영어시험성적에 따라 이를 세분화해 점수 구간별로 차등한 가산점을 부여하는 반면, 서울대학교의 경우 일정 점수 이상의 성적을 취득할 것을 요건으로 해, 최소 지원자격으로만 활용한다. 또, 법학적성시험의 논술영역 점수를 적성시험평가점수에 반영하지 않고 정성평가의 참고자료로만 활용하기 때문에 학점이 다른 전형요소보다 당락에 더욱 중요한 비중을 차지하고 있다.

합격기준

그렇다면 얼마 정도의 학점을 받아놓아야 할까? 합격자들의 학점에 관한 공식적인 집계 자료는 공개되어 있지 않다. 다만 비공식적인 자료를 참고해보면, 입시학원에서 조사한바(2008. 12. 기준) 2009학년도 서울대학교 법학전문대학원 합격생들의 평균학점은 3.9점(4.3점 만점 기준)[6]이라고 하고, 이후 다른 입시학원에서 조사한바(2011. 3. 기준)에 따르면 여학생의 평균학점은 3.8~4.1점, 남학생의 평균학점 3.6~3.9점 사이에서 이루어져 있다고 한다.[7]

---

6) http://news.mk.co.kr/outside/view.php?year=2008&no=747356

7) http://leet.lawschool.co.kr/lawschool/board/infomation/view.asp?pageNo=4&num=42354&field=3&mnNum=4&subMnNum=1&bbsCode=901&s_mid_code=&s_flag=&mock_type=&keyfield=&keyword

이외에도 법학전문대학원 입시를 준비하는 지원자들이 모여 만든 인터넷 카페(http://cafe.daum.net/snuleet)에는 법학전문대학교별로 합격·불합격 스펙을 익명으로 공개하는 게시판도 있다. 이에 따르면 서울대학교를 합격한 상당수 사람들이 3.9점 이상의 학점을 취득하였다는 점을 알 수 있다. 다만, 표준점수로 환산한 법학적성시험 성적이 140점 이상으로 월등히 높은 경우에는 학점이 3.5점 근방으로 다소 낮다 할지라도 합격한 예들이 있다.

일반전형 중 심층선발로 합격한 A는 법학적성시험의 표준점수 합산이 123점으로 다소 낮았으나, 학점이 3.95점이고 학과에서 차석으로 졸업한 경우이다. 실제로 재학 중인 합격생들은 각 학과에서 수석·차석으로 졸업한 경우가 상당수를 차지하니, 법학전문대학원 입시를 준비하는 예비 대학생이나 학부생은 학점 관리에 각별히 신경 쓰자.

양보다 질

이미 학부를 졸업한 이후에 법학전문대학원 입시를 처음 준비하는 경우, 정해진 학점을 변경할 수는 없다고 너무 절망하지는 말자. 가급적 다른 전형요소에서 고득점을 받도록 노력해야 하는 것은 당연한 이치이고, 우리가 소홀히 넘기지 말아야 할 부분이 있으니 바로 '양보다 질'이 중요하다는 점이다.

서울대학교 법학전문대학원이 2016학년도 입시에 제시한 '자기소개서' 양식에는 아래와 같은 문항이 있다.

> 800자 이내로 지원자가 제출한 대학(학부) 성적표를 이해하는 데 도움이 될 사항을 설명하시오(여기에는 다음 사항을 반드시 포함시켜야 함).
>
> • 전체 이수 학점 중 주전공, 부전공, 복수전공, 교양 등의 구분에 따른 학점 수
> • 전공 및 교양 교과목을 선택한 기준과 이유
> • 재수강을 한 과목의 수와 그 이유

이러한 문항이 제시된 이유를 추측해보자면, 단순히 좋은 학점을 받기 위해 고득점을 얻기 쉬운 과목만 골라서 수강한 사람보다는 자신이 진정으로 탐구하고 싶은 것이 무엇인지 고민하고 낮은 학점을 감수하고서라도 어려운 과목을 도전한 사람을 더 높이 평가하겠다는 의미로 볼 수 있다.

따라서 이미 졸업해 정해진 학점이 낮은 경우에는, '자기소개서'의 위 문항에서 내가 어떤 목표를 가지고 소신껏 교과목을 수강하였으며 그 결과 학점은 비록 낮지만 대신 어떤 성과를 얻을 수 있었는지에 대해 성심껏 기술하도록 하자.

만약 아직 학사과정에 재학 중이거나 예비 대학생이라면, 지금부터라도 학점 관리에 각별히 유의하자. 이때

전공 교과목을 착실히 수강하였는지, 전공 및 교양 교과목을 어떤 기준으로 선택하였는지 등 질적인 요소들도 학점 못지않게 중요한 평가대상이 된다.

'관리'라는 단어의 의미는 단순히 '높은 학점을 취득하라'는 뜻이 아니다. 법학전문대학원의 설립 취지는 다양한 전공 출신자들로 하여금 그 전공과 경험을 바탕으로 각 분야에 전문적인 변호사로 성장하게 하는 데 있다. 때문에 전공 교과목을 착실히 수강하였는지, 전공 및 교양 교과목을 어떤 기준으로 선택하였는지 등 질적인 요소들도 학점 못지않게 중요한 평가대상이 된다. 자신이 대학교에서 무엇을 배우고자 하는지, 학문에 대해 보다 진지한 태도를 가지고 교과목을 수강하자.

CHAPTER 04

정성평가

외국어 능력

반영방법(2016학년도 입시)

일반전형에서는 TEPS 또는 TOEFL 정기시험에서 아래의 성적을 취득할 것을 요한다.[8]

구 분		점 수	비 고
TEPS		701점 이상	※지원서 접수마감일(2015. 10. 8.) 기준 2년 이내 취득해, 서류제출일 2015. 10. 12.(월)까지 성적을 제출한 경우 [단, TEPS는 제175회(2013. 10. 6.) – 제206회(2015. 9. 19.) 정기시험]로서, 입학지원서에 기재한 성적만 유효함
TOEFL	IBT	99점 이상	
	PBT	597점 이상	

8) 특별전형에서는 자격요건으로 TEPS 또는 TOEFL 정기시험 성적을 요구하지 않음

다만, 영어권 대학(원)에서 학사학위 이상(LL.M., MBA 등 포함)을 취득한 자는 TEPS 또는 TOEFL 성적 제출이 면제되며, TOEIC 시험은 반영하고 있지 않다는 점을 유의해야 한다.

외국어 능력은 위와 같이 영어성적으로 제시한 서류를 근거로 해 평가하며, 영어성적은 원칙적으로 지원기준(최소 자격요건)으로만 활용한다. 단, 예외적으로 영어성적이 우수한 지원자에 한해 정성평가(총점 300점 중 서류평가점수 250점, 서류평가점수 중 정성평가 50점)의 한 요소로 반영한다.

또한 지원자가 부가적으로 지원서 접수 마감일 기준 5년 이내에 취득한 제2외국어(한자 포함) 능력을 증빙하는 서류를 제출할 경우, 이를 정성평가에 참고한다.

전략

외국어 능력은 원칙적으로 지원자격으로만 활용된다. 최소한의 시간을 투자해 지원자격을 충족시키는 즉시 털어버리고, 다른 전형요소에 시간과 노력을 투자하는 것이 현명하다. 수년간 외국에서 생활한 경우나 외국에서 학부를 졸업한 경우가 아니라면, 영어 능력을 정성평가의 한 요소로 참고할 가능성이 희박하니 미련을 갖지 말자.

합격자 A는 유독 영어에 자신이 없었다. 입시를 준비하면서 TEPS 700점 초반대의 성적을 거두었으나, 다른 지원자들은 TEPS 800점대 후

반이나 900점 이상의 성적을 거둔 것으로 보여 불안했다. 법학전문대학원 원서를 접수하기 전까지 매달 TEPS 시험에 응시하면서 800점대 초반의 점수라도 거두고자 노력하였으나, 결국 실패하였다. 하지만 A는 결과적으로 서울대학교 법학전문대학원에 합격하였고, 나중에 돌이켜보니 괜한 불안감에 최소 자격요건으로만 활용한다는 입시요강을 믿지 못하고 매달 TEPS 시험에 투자한 것이 허탈했다. 우리는 A와 같은 실수를 범하지 말자.

특별전형에서는 지원요건으로 영어성적에 제한을 두지 않는다. 하지만 특별전형에서 불합격(예비합격 포함)한 특별전형 지원자가 일반전형 지원자격을 충족하는 경우(영어성적 기준 등을 만족할 경우)에는 별도의 지원절차 없이 일반전형 지원자에 포함시켜 다시 평가하는 절차가 마련되어 있다. 실제로 위 경로로 합격했던 학생들도 있으니, 특별전형 대상자라고 해서 손 놓고 있지 말고 미리 일반전형에 대비한 영어성적을 취득해놓도록 하자.

자기소개서 및 경력계획서

자기소개서

정성평가대상은 ① 자기소개서, ② 사회활동 및 봉사활동, ③ 외국어능력(예외적인 경우)인데, '사회활동 및 봉사활동' 경력은 결국 자기소개서에 기재해야 알 수 있는 내용이다. 결과적으로 자기소개서는 정성평가의 가장 핵심이 되는 부분이라 할 수 있다. 이에 더해 면접 및 구술고사까지도 자기소개서에 기재된 내용을 바탕으로 이루어진다.

준비과정

법학적성시험을 치르고 법학전문대학원에 원서를 접수하기 전까지의 기간 동안 본격적으로 자기소개서를 작성한다. 2016학년도에는 법학적성시험이 2015. 8. 28. 시행되었고, 서울대학교 법학전문대학원 원서 접수가 2015. 10. 5.부터 2015. 10. 12.까지 이루어졌으니, 대략 한 달 남짓한 시간이 주어진다고 볼 수 있다.

하지만 가급적 위 한 달 동안에는 자기소개서를 '작성'하고 '퇴고'하고 '수정'하는, '본격적인 글쓰기'에 매진하기를 권한다. 기본적인 아이디어 및 내용을 구상하는 것은 한 달이라는 기간 내에 부족하다. 자기소개서를 작성하는 과정은 단순히 글을 완성하는 작업이 아니다. 끊임없이 스스로에게 왜 법학전문대학원에 진학하고 싶은지 자문하고, 지금까지 걸어온 인생의 경로를 뒤돌아보고 반성하며, 스스로를 설득하기도 하는 부단한 자기성찰의 과정이기 때문이다. 다른 출중한 지원자들을 제치고 내가 서울대학교 법학전문대학원에 선발되어 법조인으로 양성되어야 하는 이유를 고민해내는 것은 짧은 시간 안에 가능하지도 않을 뿐더러 옳지도 않다. 법조인으로서의 삶에 대한 확신, 자신이 진출하고자 하는 전문 분야에 대한 고민과 탐구는 결코 단기간에 만들어지는 것이 아니기에 오랜 시간을 두고 서서히 구체화시켜야 한다. 법학전문대학원에 진학하고자 하는 마음이 든 그 순간부터 고민을 시작하자.

서울대학교 법학전문대학원의 경우, 다음과 같이 자기소개서 양식에 요구하는 항목이 다소 변화해 왔다. 2015학년도 입시의 경우에는 다음과 같이 세부 문항이 많았다.

1. 법학전문대학원에 지원한 동기를 기술하시오.
   ▶ 띄어쓰기를 포함해 600자 이내로 작성

2. 대학 입학 후 현재까지 가장 의미 있었던 활동과 경력을 5개 이내로 기술하시오.
   ▶ 각 항목 당 띄어쓰기를 포함해 300자 이내로 작성

활동 및 경력		내용 및 선정 이유
1	명칭:	
	기간:	
2	명칭:	
	기간:	
3	명칭:	
	기간:	
4	명칭:	
	기간:	
5	명칭:	
	기간:	

※ 활동 및 경력에 관한 증빙서류는 반드시 제출해야 함

3. 대학 입학 후 연구(공부)한 주제를 과정 중심으로 기술하시오.[9]
   ▶ 띄어쓰기를 포함해 600자 이내로 작성

4. 전공 및 교양 교과목 선택 기준, 이수 현황, 학점, 편입/전과/복수전공 등 지원자의 학업능력을 이해하는 데 참고할 사항을 기술하시오.[10]
   ▶ 띄어쓰기를 포함해 800자 이내로 작성

5. 자신의 삶에서 가장 자랑스러운 결정과 후회되는 결정을 구체적으로 기술하시오.
   ▶ 띄어쓰기를 포함해 600자 이내로 작성

6. 현재까지 살아온 과정, 입학 후 학업계획, 향후 법조인으로서의 경력 계획을 기술하시오.
   ▶ 경력 계획은 단기(5년), 중기(10년), 장기(15년 이후)로 나누어 구체적으로 기술하되, 띄어쓰기를 포함해 1,000자 이내로 작성

반면, 2016학년도 입시의 경우에는 자개소개서 문항이 아래와 같이 큰 문항 두 가지로 이루어졌다.

1. 3000자 이내로 자기를 소개하시오. 여기에는 다음과 같은 내용을 포함시킬 수 있으나, 이에 구애받지 않고 자유롭게 서술할 수 있음.

   • 대학 입학 후 지금까지 생활하고 성장해 온 과정. 그 과정에서 형성된 지원자의 가치관
   • 대학 입학 후 지금까지 특히 관심을 두고 수행한 활동과 연구(공부)한 분야. 그러한 활동과 연구(공부)가 지원자에게 가져온 변화
   • 법학전문대학원에 지원한 동기

---

9) 지원자의 학업수행 태도와 과정, 관심분야 등을 보기 위한 항목이다. 대학 입학 후 관심을 가지고 연구(공부)한 주제에 대해 자유롭게 서술하면 된다. 자신의 전공과 관련된 주제가 아니어도 무방하다.

10) 성적증명서에 나타난 지원자의 학업성과를 더 깊이 이해하기 위한 항목이다. 자신의 학점이나 과목선택 등에 대해 그 배경을 설명해야 할 필요가 있다면 이 항목에서 설명하면 된다.

• 앞으로의 계획과 포부

2. 800자 이내로 지원자가 제출한 대학(학부) 성적표를 이해하는 데 도움이
   될 사항을 설명하시오. 여기에는 다음 사항을 반드시 포함시켜야 함.

• 전체 이수 학점 중 주전공, 부전공, 복수전공, 교양 등의 구분에 따른 학점 수
• 전공 및 교양 교과목을 선택한 기준과 이유
• 재수강을 한 과목의 수와 그 이유

만약, 이 글을 읽는 로스쿨 준비생이 학부 과정에 재학 중이고 저학년
이라면, 다양한 학술 동아리, 논문 공모전, 봉사프로그램에 참여해 많은
경험을 쌓아두도록 하자. 고학년이 되면 졸업하기 위해 학점을 채우고,
이미 수강한 교과목이라 할지라도 학점이 낮은 경우에는 재수강을 할 필
요도 있다. 여기에 더해 법학적성시험까지 준비하자면 다양한 활동은 기
대하기 어렵기 때문이다. 다만, 다양한 활동을 했다는 사실만으로는 부
족하다. 단순히 자기소개서에 한 줄 추가하기 위한 경험이 아닌, 미래에
대한 비전을 가진 진정성 있는 활동이었음을 어필해야 한다. 자신이 한
활동이 삶에 어떤 의미를 부여하고, 어떤 영향을 미쳤는지 진지하게 고민
하는 과정은 필수이다. 더불어 이러한 활동에 대해 증빙할 만한 서류가
있다면 미리미리 증빙서류를 준비해놓는 것도 잊지 말자.

이미 고학년에 재학 중이라면, 앞으로 진출하고자 하는 분야와 관련
된 과목을 선별해 수강하는 센스가 필요하다. 재학 중인 대학교에 법학
과 학부 과정이 남아있다면 미리 법학 관련한 교과목을 수강해두는 것
도 좋다.

작성요령

① 인재상에 부합하는 매력 어필

심사위원이 자기소개서를 통해 알고 싶은 것은 무엇일까? 지원자가 어떤 가치관을 가지고 있는가, 어떤 삶을 추구해왔는가, 이를 위해 어떤 일들을 이루어왔는가, 한마디로 요약하면 '어떤 사람'인가 궁금한 것이다. 이를 보여주기 위해서 지금까지 쌓아온 업적이나 공로를 단순히 나열하는 식으로 자기소개서를 작성하는 것보다는, 각 항목들이 유기적으로 연계되어 전체적으로 보았을 때 '나는 어떤 사람이다'라는 인상을 확실하게 보여줄 수 있도록 작성해야 한다.

그렇다면 이 작업은 필히 심사위원은 '어떤 사람을 원하는가?'라는 질문으로 이어진다. 서울대학교는 '사회 각 분야와 나라를 이끌어갈 훌륭한 법조인 지도자'를 양성하는 것을 목표로 한다. 이 말은 바꾸어 말하면, 단순히 잘난 사람, 스펙이 뛰어난 사람을 원하는 것이 아니라는 것이다. 개인이 잘난 것보다 중요한 것은, 이 사회의 구성원들에게 긍정적인 영향을 줄 수 있는 '지도자적인 자질'을 지니고 있는 것이다. 그 방향이 반드시 표면적인 '리더'라는 자리에 국한된 것은 아니다. 학문을 탐구하는 교수이든, 사회적 약자와 소외된 소수를 배려하는 공익인권 변호사이든, 세계화 시대에 국제적 분쟁 해결에 전문화된 법조인이든 상관없다. 교수는 창조적 학문을 탐구하는 후속세대를 양성하는 점에서, 공익인권 분야의 변호사는 사회적 책임을 실천한다는 점에서, 국제·기업·금융·지적재산 등 전문 분야에서는 전문화된 사회적 수요에 대응한다는 점에서 모두 의미가 있기 때문이다.

자신이 추구하는 삶이 어떤 삶인지, 예비 법조인으로서 자신이 탐구하고 싶은 분야가 어떤 분야인지 고찰해보고, 나아가 내가 이 사회와 나라에 어떤 긍정적인 영향력을 발휘할 수 있을지를 어필하라. 만약, 당신이 단순히 높은 연봉을 받기 위해, 지긋지긋한 이 직장생활을 때려치우고 '전문직'이라는 타이틀을 얻기 위해, 혹은 판·검사라는 명예로운 사회적 지위를 차지하기 위해 법학전문대학원에 진학하고자 하였다면, 지금부터라도 그 생각을 버리자. 그리고 이 기회를 통해 인격적으로 성숙한 자신을 찾아보자.

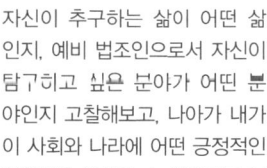

자신이 추구하는 삶이 어떤 삶인지, 예비 법조인으로서 자신이 탐구하고 싶은 분야가 어떤 분야인지 고찰해보고, 나아가 내가 이 사회와 나라에 어떤 긍정적인 영향력을 발휘할 수 있을지를 어필하라.

② 솔직하고 쉬운 글

자기소개서의 핵심은 바로 '솔직함'이다. 자기소개서에 기재된 활동에 대하여는 철저하게 증빙서류를 제출해야 할 뿐만 아니라, 설사 지원동기와 같이 서류로 증빙할 수 없는 부분을 거짓으로 포장해 꾸민다 할지라도 '면접 및 구술고사'에서 파헤치다 보면 금방 탄로 나기 마련이다. 모든 것을 솔직하게 작성하고 앞으로 법조인으로서의 나의 모습에 대한 진정성이 묻어나올 수 있게 작성해야 한다.

대외적으로 내세울 만한 경력이 부족해도 상관없다. 그동안 간과하고 있었던 나의 장점을 찾아보자. 남들이 보기에는 일상적인 일이지만 그 안에 나에게는 중요한 의미를 가져다주는 값진 경험이 분명히 있다. 나의 일상 속에 숨겨진 빛나는 소재를 찾는 것은 그 누구도 대신해줄 수 없다.

나아가 자기소개서는 지원자와 그 자기소개서를 읽는 교수 사이에 소통하는 한 수단이다. 문장은 쉽고 간결하게 이해하기 쉽도록 작성하고, 전문적인 학술 용어나 어려운 단어를 남발하는 것은 좋지 않다.

③ 철저한 퇴고

법조인이 된다면 주로 서면을 작성하는 일을 맡게 될 가능성이 크다. 때문에 글의 내용도 중요하지만, 형식적으로 제대로 된 글을 작성하는 것 또한 중요한 평가요소이다. 자기소개서에 맞춤법이나 띄어쓰기의 오류가 있다면 작성자에 대한 신뢰가 급감하게 된다. 올바른 주어 서술어의 호응, 적절한 단락 나누기 등 기본에 충실해야 하고, 이를 위해서는 반복적인 퇴고가 필요하다.

2015학년도 입시 자기소개서 예시
① 법학전문대학원에 지원한 동기

학사 과정 중 OO과목을 수강하면서 조별과제로 이주여성의 가정폭력 문제에 대해 다룬 적이 있습니다. 이때 가정 폭력 피해여성을 만나 직접 인터뷰를 하기 위해 이 여성들의 쉼터를 찾아갔는데, 법률지식이 부족한 이주여성들은 제대로 된 피해보상조차 받지 못한 채 앞으로 살아갈 길조차 막막한 상태였습니다. 안타깝게도 저 역시 법률에 대해 잘 알지 못했기 때문에 이분들에게 도움을 주는 데 한계를 느끼게 되었습니다. 만약 내가 법률가였다면 이러한 피해여성들의 인권에 실질적인 도움이 되어줄 수 있었을 텐데… 하는 아쉬운 마음을 가지게 되었습니다.

저는 인권의 증진을 위해 법학전문대학원에 진학해 사회적 책임을 실천하는 법조인이 되고 싶습니다. 인권에 대한 문제의식을 지닌 법률가 한 명이 법과 제도를 제정하고 개선하는 데 참여함으로써 수백 명의 인권을 보호하고 향상시킬 수 있다고 생각합니다. 공익변호사로서 인권향상에 기여하고자 공익인권 분야에 특화된 서울대학교 법학전문대학원에 지원하게 되었습니다.

코멘트 동기부여가 된 구체적인 사건을 적시한 점은 좋지만, 한 가지 사건만 들기에는 부족한 감이 있다. 이에 더해 장기간 '인권' 분야에 꾸준한 관심을 가져왔던 점을 어필할 수 있다면 좋고, 관련해 쌓은 실적이 있다면 좀 더 상세히 써줄 필요가 있다.

② **대학 입학 후 현재까지 가장 의미 있었던 활동과 경력**

[봉사활동]

명칭: OOO 공부방

기간: 2009. 12. ~ 2013. 12.

내용: 한 달에 5번 가량, 초·중·고등학생들을 대상으로 수학·과학 교과목을 가르치는 봉사활동을 했습니다. 커리큘럼부터 교재 선정까지 직접 아이디어를 내서 수업을 진행하였고, 단순한 교육 차원에서의 봉사를 넘어서 학생들의 진로나 고민까지 상담해주는 멘토링 역할을 하면서, 학생들의 인권에 대해 많은 생각을 하게 되었습니다.

코멘트 장기간 꾸준히 봉사활동 했던 점을 강조한 것이 좋다. 다만, 멘토링 역할을 하면서 어떤 점에서 학생들의 인권에 대한 생각을 하게 되었는지 구체적인 연결고리가 부족하다.

[수상경력]

명칭: ○○○ 주최 ○○경제정책경시대회 우수상

기간: 2010. 8.

내용: 국내 ○○○ 단체에서 후원한 ○○○캠프에 참가해 ○○○ 문제와 관련한 정책을 구상하는 대회에 참여하였습니다. 3일간 조원들과 밤새 고민하고 정책을 고안해 발표한 결과 우수상을 받았습니다. 아무리 간단해 보이는 정책이라 할지라도 그 내면에는 다양한 집단의 이해관계가 복합적으로 작용할 수 있으며, 이들을 모두 만족시키는 방안을 구상하는 것이 어렵다는 것을 실감했습니다. 나아가 정책결정을 담당하는 이들이 가져야 할 태도에 대해서도 생각해본 계기가 되었습니다.

코멘트 정책결정을 담당하는 이들이 가져야 할 태도에 대해 생각해본 계기가 되었다면, 실제로 어떤 태도가 필요하다고 느꼈는지 적시하자. 나아가 지원자가 대회에 참여함으로써 깨달은 점이 향후 인권변호사로 활동함에 있어 어떻게 도움이 될지 설명할 필요가 있다.

③ 대학 입학 후 연구(공부)한 주제를 과정 중심으로 기술

대학교 1학년 때에는 전공 교과목을 수강하며 ○○○학의 역사적 흐름, 이를 바라보는 다양한 이론적 시각에 대해 공부하면서, 기본적인 소양을 쌓았습니다. 이후 ○○○과목, ○○○과목을 수강하면서 새롭게 부상하는 인권, 여성 등의 분야에도 관심을 가지게 되었습니다. 이러한 분야를 더 깊이 다루기 위해 별도로 OO인권학회에 가입하였고, 인권 분야와 관련한 세미나에 참여해 연구를 계속하였습니다.

2학년 때에는 OOO을 주제로 한 학생자율세미나에 참여해 OOO에 관한 문제에 대해 토론하였고, 3학년 때에는 OOO을 주제로 한 세미나를 직접 주재하기도 하였습니다.

이후 인권 분야에 대해 지속적으로 관심을 가졌고, 4학년 때에는 OOO에 관한 주제로 졸업 논문을 작성하였습니다.

한 학기 동안 연구해 작성한 논문에서는 국제사회에서의 OOO 개입과 비판, 그 시점에서의 국제 여성인권운동의 성장과 발전 과정을 추적하고, 여성인권 담론 실천의 문제를 조명하였습니다.

코멘트 학사과정 중 지원자가 꾸준히 인권 분야에 대해 관심을 가지고 학회, 세미나에 참여한 경험을 구체적으로 적시한 점이 좋다. 마지막에 졸업논문 주제에 대한 설명에서 그치지 않고, 지원자가 졸업논문을 완성하면서 어떤 고민을 했고, 어떤 깨달음을 얻을 수 있었는지까지 적으면 좋다.

④ **전공 및 교양 교과목 선택 기준, 이수 현황, 학점, 편입/전과/복수전공 등 지원자의 학업능력을 이해하는 데 참고할 사항을 기술**

학부 때 수강한 교과목 중 전공 교과목과 교양 교과목이 차지하는 양은 비슷합니다. 인권과 관련한 학회 및 세미나활동과 학업을 병행하기 힘들었지만, 졸업할 때에는 최우등급(학점 4.3점 만점에 3.9점 이상)으로 졸업할 수 있었습니다. 교양과목으로는 문학, 인권 분야를 주로 수강했습니다. OO 수업에서는 OOO 책을 읽고 여성 문제를 주제로 사회학 전공생들과 열띤 토론을 하였고, OO 수업에서는 OO에 대해 심층적으로 연구하였습니다. 이를 통해 삶의 다양한 측면을 간접 경험하고, 다양한 입장을 이해하는 태도를 기를 수 있었습니다. 또한, 여성인권의 딜레마, 인권 감수성과 인권의식에 관한 연구 등 인권과 수업을 연관시켜 리포트를 작성하기도 하였으며, 해당 교과목에서 우수한 성적을 거두었습니다.

🔍 **코멘트** 교과목 선택기준에 대한 설명을 추가하고(예: "교과목을 선택하는 데 있어 가장 염두에 둔 기준은 '강의 내용이 학생들에게 자발적인 연구 기회를 제공하는가'입니다"), 전반적으로 교양 교과목에 대한 설명이 주를 이루기 때문에 전공과목으로 어떤 과목을 수강하고 인상 깊었던 수업은 어떤 것이 있는지 추가해 지원자가 전공 수업에도 충실히 임했다는 점을 드러내자.

⑤ 자신의 삶에서 가장 자랑스러운 결정과 후회되는 결정을 구체적으로 기술

몇 년 전, 오랫동안 연락이 없었던 고등학교 친구로부터 한 통의 전화를 받았습니다. 친구는 어두운 목소리로 혹시 헌혈증을 가지고 있냐고 물어보았습니다. 조카가 백혈병 판정을 받았는데, 수혈할 수 있는 혈액이 부족하다고 했습니다. 저는 그동안 헌혈을 많이 하지는 않았습니다. 등굣길에 헌혈차가 세워져 있었는데, 그 앞에서 가끔 "학생 헌혈 좀 하고 가"라고 붙잡는 아주머니들이 계셨습니다. 비록 자발적으로 헌혈한 것은 아니지만, 가끔씩 이렇게 권유를 받아 해왔습니다. 그렇게 쌓인 몇 개 안되는 헌혈증을 친구에게 전해주었던 일이 제 삶에서 가장 자랑스러운 결정입니다.
그런데 한편으로는 가장 후회되는 결정 역시 바로 여기에 있습니다.

한번은 시험기간이어서 헌혈해달라는 권유를 뿌리치고 그냥 등교했던 적이 있습니다. 또, 자발적으로 제가 먼저 헌혈을 했던 적이 없었습니다. 친구의 그 전화를 받았을 때, 제가 그렇게 무심코 거절하고 지나갔던 일이 너무나 후회스러웠습니다.

그 일이 있은 다음부터는 저는 두 달에 한 번씩 꼭 헌혈을 하고 있습니다. 언젠가 헌혈증이 필요할지도 모를 사람을 위해, 그리고 헌혈한 제 피가 누군가의 생명을 살릴 수 있다는 희망을 가지고서 말입니다.

코멘트 쉽게 잊힐 수도 있는 사소한 일이지만, 지원자만의 의미를 부여한 점에서 인상 깊다. 이처럼 일상 속에서 빛나는 소재를 찾는 것이 중요하다. 나아가 후회되는 결정을 돌이키며 지원자가 보다 더 나은 삶을 위해 노력하는 태도까지 보여준 점이 좋다.

⑥ 현재까지 살아온 과정, 입학 후 학업계획, 향후 법조인으로서의 경력 계획을 기술

[입학 후 학업계획 및 법조인으로서의 경력 계획 부분]

향후 인권변호사로 활동하기 위해서는 법조인으로서의 전문성과 투철한 봉사정신을 갖추어야 한다고 생각합니다. 이러한 자질을 갖추기 위해 법학전문대학원에 입학한 후 3년간은 법 공부에 매진할 것입니다. 법조인으로서의 전문성을 갖추는 것이 가장 기본이라고 생각하기 때문입니다. 또한, 법학전문대학원 내 인권법학회에 가입해 인권 분야에 대해 꾸준히 관심을 가지고 활동하며, 한국의 공익인권소송, 국제인권법 등 서울대학교 법학전문대학원에 개설된 공익인권을 위한 특화수업에도 적극적으로 참여할 계획입니다. 한편, 봉사정신 함양을 위해서는 지금까지 제가 해

오던 빈곤지역 학생들을 대상으로 한 멘토링 활동을 꾸준히 이어감과 동시에 무료법률상담을 하는 OOO상담소에서 제공하는 프로그램에 적극 참여해 실무수습을 할 계획입니다.

법학전문대학원을 졸업한 후에는 공익변호사로서 경력을 쌓고 싶습니다. 현재 제가 희망하는 직장으로는 법무법인 OO와 공익법센터가 있습니다. 법무법인 OO은 보험회사를 대리하는 로펌으로도 유명하지만, 탈북자를 돕는 일에 어느 정도 전문성이 쌓인 곳이라고 합니다. 제 롤모델인 OOO 변호사님이 변호사로서의 일을 시작했던 곳이기도 한데, 이곳에서 난민 소송, 탈북자와 이주민들을 소송 대리하는 역할을 하고 싶습니다. 공익법센터는 아까 언급했던 OOO 변호사님이 세운 것으로 현재는 위 변호사님을 포함해 호주변호사 1명, 총 2명이 상근 변호사로 일하고 있습니다. 법률에 취약한 이주자를 위한 사업과 해외한국기업의 인권 침해 상황을 모니터링하는 일을 주로 하고 있는데, 함께 일할 수 있는 기회가 주어진다면 난민 신청을 돕거나 난민 소송을 대리하는 등 인권적이고 공익적인 문제의 해결에 앞서 나가고 싶습니다.

더 나아가서는 외국어 능력이 제 강점 중 하나이기에, 국내에서의 활동에 머무르지 않고 국제인권연구소(International Human Rights Institute)에서 전문기관 연수를 받고, 대학원에 진학해 국제인권규범에 대한 연구를 하고 싶습니다. 기회가 주어진다면, 국제기구 산하 법무부에서 인종차별 대책, 소수자를 위한 교육, 건강 등의 문제를 다루고 실용적으로 접근해 법적인 지위를 지켜줄 수 있는 역할을 하고 싶습니다.

장기적으로는 아시아에서도 유럽의 인권재판소와 같은 인권재판소를 설립하고 싶습니다. 국제인권규약이 실질적으로 우리의 삶에서 개인의 인권을 보호하는 데 기여할 수 있도록 사회적인 시스템을 갖추어 나가는 데 앞서 나가고 싶습니다.

🔍 **코멘트** 법학전문대학원에 대한 리서치를 통해 학회, 특화 과목에 대한 구체적인 학업 계획을 상세하게 기술한 점이 좋다. 지원자가 구

체적으로 어떤 영역에서 어떤 업무를 하고 싶은지 기술해 진솔성이 묻어난다. 장기계획은 다소 실현가능성이 떨어진다고 생각할 수도 있으나, 지원자의 비전과 다짐을 보여준 점에서 좋다.

사회활동 및 봉사활동

반영방법

사회활동 및 봉사활동은 대학입학 이후 경력에 한해 정성평가의 한 요소로 반영된다. 일반전형 정성평가 배점 50점 중 사회활동 및 봉사활동이 차지하는 비중이 얼마인지 구체적인 기준점은 공식적으로 알려진 바 없다. 다만, 세부항목에 따라 가산점을 두지 않고 '종합적으로 평가'한다고만 알려져 있다.

준비 요령
① 진정성 있는 활동

사회활동 및 봉사활동 경력은 2015학년 입시 자기소개서 양식의 2번 문항 "대학 입학 후 현재까지 가장 의미 있었던 활동과 경력을 5개 이내로 기술하시오"와 연관되니, 이 항목에서 작성해야 할 세부사항을 참고하자. 세부사항으로 ① 명칭, ② 기간, ③ 내용 및 선정 이유를 작성해야 하는데, 이 중 가장 공들여야 할 부분이 '선정 이유'이다. '선정 이유'를 제대로 어필하려면, 많은 양의 형식적인 사회·봉사활동보다는 진정한 활동일 것이 요구된다.

총 투자한 시간과 같은 양적인 요소보다는, 내가 왜 이 활동을 하고자 했는지, 내가 앞으로 하고자 하는 일과 이 활동은 어떤 관련이 있는지, 또 그 활동으로부터 무엇을 배울 수 있었는지 질적인 요소가 더욱 중요하다. 또한, 이 주제는 면접 및 구술고사에서도 다루어질 수 있다. 단순히 입시를 대비해 자기소개서에 한 줄 적어놓기 위한 의도로 한 활동이라면, 이 활동을 왜 했고, 이를 통해 무엇을 느꼈는지 등을 묻는 질문에 당황하게 되니, 이 부분에 대해 깊이 고민해두자.

② 장기간 규칙성 있는 활동

봉사활동을 입시 전에 반짝 몰아서 준비하는 것은 좋은 방법이 아니다. 몇 년 혹은 몇 개월에 걸쳐 장기간 규칙적으로 하여 미리 대비해두도록 하자. 예를 들어 청소년 멘토링 활동, 야학 봉사활동 등 학사 과정 중에 꾸준히 할 수 있는 봉사활동을 찾아둔다.

사회활동으로는 학부시절 학과대표를 한 경험, 고등학교 동문회에서 동문회장을 한 경험, 밴드부에서 악기를 연주하고 신입생 환영무대에서 직접 공연한 경험 등 입시를 위해 단기간에 준비할 수 있는 성격의 것이 아니라면 좋다. 자신의 리더십 등 성격상 장점을 보여줄 수 있는 활동을 찾아보자.

만약, 경력 계획으로 송무 분야의 변호사나 판·검사를 염두하고 있다면, 법정 방청을 해보자. 단순히 1회 방청하는 것에 그치지 말고, 장기간에 걸쳐 서너 번 방청해본다. 일반 민·형사 재판의 경우, 재판기록을 접하지 못한 상태에서 방청하게 되므로, 사건 내용이 무엇인지 모르고 재판에 참여한 법관이나 변호사가 하는 말의 의미도 알지 못한다(그럼에도 불구하고 한 번쯤은 꼭 방청해보길 권한다). 반면, 국민참여재판은 배심원단이 사건에 대해 무지한 상태에서 재판이 진행되기 때문에, 일반 국민인 배심원이 사건을 이해할 수 있도록 그 내용을 친절히 설명해준다. 또한, 사건의 쟁점에 대해 검사와 변호사가 직접 주장하고 반박하는 모습까지 볼 수 있으니 예비 법조인이라면 꼭 방청해 볼 것을 권한다. 여러 차례 재판을 방청하다 보면, 특히 기억에 남는 사건이나 내게 많은 고민을 던져주는 사건이 있기 마련이다. 국민참여재판 일정은 각 법원별 홈페이지에 수시로 공지되니 참고하자.

서울대학교 법학전문대학원은 교육목표 중의 하나로 "전문화된 사회적 수요의 충족"을 내세우고 있다. 정보통신, 기업금융, 국제분쟁 등 우리 사회의 각 분야에서 급속한 전문화가 진행되고 있고, 양질의 법률 서비스를 제공하기 위해서는 각 분야의 전문화 정도에 상응하는 전문지식을 갖추어야 하기 때문이다. 전공한 분야에 대해 전문지식을 넘어 실무경험까지 갖추었다는 점은 최고의 무기이다.

③ 전공과 관련된 활동

학부를 졸업하고 사회에 진출해 그 전공과 관련한 사회 경력을 쌓아두었다면, 이 전문 분야 관련한 사회활동에 대해 강조하자. 서울대학교 법학전문대학원은 교육목표[11] 중의 하나로 "전문화된 사회적 수요의 충족"을 내세우고 있다. 정보통신, 기업금융, 국제분쟁 등 우리 사회의 각 분

---

11) 교육목표는 ① 세계화를 선도하는 법학교육, ② 사회적 책임을 실천하는 인재 양성, ③ 전문화된 사회적 수요의 충족, ④ 창조적 학문후속세대 양성이다.

야에서 급속한 전문화가 진행되고 있고, 양질의 법률 서비스를 제공하기 위해서는 각 분야의 전문화 정도에 상응하는 전문지식을 갖추어야 하기 때문이다. 전공한 분야에 대해 전문지식을 넘어 실무경험까지 갖추었다는 점은 최고의 무기이다. 이 경우 자기소개서의 내용 중 "향후 법조인으로서의 경력 계획"과 관련해 자신의 전공과 법학 분야를 연관 지어 녹여내면 된다.

학부를 갓 졸업하자마자 법학전문대학원에 진학하고자 한다면, 자신이 전공한 분야와 관련된 인턴경험을 미리 쌓아두는 것이 좋다. 가령, 외교학과를 전공한 학생은 UN과 같은 국제기구에서 인턴으로 일했던 경험을 내세워 향후 국제분쟁 분야의 전문 변호사로 나아가겠다는 포부를 비출 수 있다.

학부 전공분야가 아니더라도 공익인권 쪽에 관심이 있다면, 이 분야와 관련한 활동을 쌓아두자. 서울대학교 법학전문대학원이 내세우는 특성화 분야[12] 중 하나가 바로 '공익인권'이기 때문이다. 서울대학교 공익인권법센터(APIL)에서는 매년 일정기간 동안 봉사할 인턴을 모집하고 있고, 국제인권법 공개강좌도 개최하고 있으니 참고로 하자. 구체적인 일정은 공식홈페이지(http://www.apil.or.kr/880)를 통해 알 수 있다.

---

12) 특성화 분야는 ① 국제법무, ② 공익인권, ③ 기업금융 분야이다.

④ 증빙자료 및 후기 작성

증빙자료를 준비하는 것은 자기소개서에 기재하는 내용 그 자체만큼이나 중요하다. 장기간에 걸쳐 사회·봉사활동을 쌓아두어야 하므로, 이와 관련한 증빙자료를 그때그때 미리 준비해두도록 한다. 공신력 있는 증빙서류가 될 수 있도록 확인서, 서신 등 공식적인 문서로 준비하는 것이 가장 좋고, 이러한 방법이 불가능하다면 활동을 증명할 수 있는 사진을 제출할 수도 있다. 그때그때 활동을 증명할 수 있는 본인 사진을 찍어두는 것도 잊시 말사.

서울대학교 법학전문대학원은 증빙서류의 목록을 10개로 제한하고 있는데, 이에 대해 입시설명회에서는 10개 정도라면 어느 정도 지원자의 정보 파악에 충분하다는 점, 혹시 증빙서류가 그 이상이라면 그 중 가치 있는 것을 뽑는 것도 평가요인에 작용한다는 점, 인증서 10개 제약을 피하기 위해서 인증서를 묶어서 내는 것은 오히려 역효과가 난다는 점을 설명하였으니, 이에 유의해 준비하도록 하자.

사회·봉사활동을 하고 오랜 시간이 경과한 후에 입시를 준비하려면 활동의 세부적인 내용, 활동을 통해 느꼈던 점 등이 잘 기억나지 않는다. 미리 증빙서류만 준비해두지 말고, 그때그때 활동한 구체적인 내용, 이를 통해 배운 점 등을 적어두는 습관을 기르도록 한다.

CHAPTER 05

면접 및 구술고사

반영방법

면접 및 구술고사(이하 '면접'이라 한다)가 입시에서 차지하는 비율은 전형별로 다르다. 특별전형은 총 400점 중 100점, 일반전형은 총300점 중 50점을 차지한다.

면접은 법학수학능력 및 법률가로서의 적성과 자질을 평가하는 자리이며, 법학지식은 평가대상이 아니다.

준비시기

원서접수를 완료한 후부터 면접시험 당일까지 대략 1달의 기간 동안 면접을 준비할 여유가 있다. 2016학년도의 경우, 2015. 10. 5.부터

2015. 10. 12.까지 지원서를 접수받았고, 특별전형 면접은 2015. 11. 2. 일반전형 면접은 2015. 11. 13.부터 2015. 11. 14.까지 진행되었다. 면접 대상자는 면접시험이 시행되기 3~4일 전에 발표되므로, 서류전형에서 통과한 것을 확인한 후에 면접을 준비하면 시간적으로 촉박하니, 원서를 접수한 순간부터 바로 면접시험을 대비하도록 하자.

면접시험 대비 요령

실전과 같은 모의면접

직접 말하는 것은 머릿속으로 생각하는 것과는 차원이 다르다. 논리적인 말하기 연습을 꾸준히 해야 한다. 스터디를 구성해 실제 면접과 같이 모의 평가를 해보고 여러 사람 앞에서 말하는 연습을 하자. 논리적으로 생각하고, 다른 사람 앞에서 말해보고, 타인에게 평가받고, 이를 고치는 과정을 지속적으로 하는 것만이 방법이다.

만약 스터디를 구성할 여건이 안 된다면, 휴대폰의 동영상 촬영 기능을 활용해 자신의 말하는 모습을 직접 촬영하고 문제점을 스스로 확인해보는 것도 좋다.

의상 준비 및 에티켓

면접 시 의상은 정장 차림으로 준비하자. 면접 안내장에는 단정한 일상복을 허용한다고 기재되어 있으나, 정장이 가장 안전하다. 남성의 경우 양복을 입으면 되고, 여성의 경우 단정한 검은색 정장이 가장 무난하며 치마 길이는 짧지 않은 것으로 준비하자.

옷차림은 예상 외로 면접에서 상당히 중요한 요소이다. 면접관을 하셨던 한 교수님께서 지원자가 왜 미니스커트를 입고 면접시험을 봤는지 알 수 없다며 무척 안타까워하셨던 경우가 있었다. 세탁하지 않은 더러운 옷을 입거나, 지저분한 구두를 신지 않도록 주의하고, 너무 딱 맞거나 노출이 심한 상의나 짧은 치마는 피하도록 하자.

면접시험의 진행

면접대기실에 입장하면 책상에 번호표와 성명이 기재된 라벨이 붙어있으니 자신의 자리에 착석하면 된다. 대기실 분위기는 자유로운 편이어서, 면접대상자 간 서로 면접시험에 출제될 만한 주제를 이야기하기도 하고, 화장실도 자유롭게 이용할 수 있다. 라벨지에 면접 번호를 인쇄한 번호표가 부여되면, 가슴 왼편에 부착해야 한다. 접착력이 약하기 때문에 붙였다 떼었다 반복하지 말고 처음에 위치를 잘 잡아 붙이도록 한다.

2016학년도 입시전형까지 존재하였던 우선선발의 경우, 당락만을 평가하기 때문에 인성면접이 실시되었다. 인성면접은 5분 정도 소요되는데 실제로는 이보다 더 길게 진행되기도 한다. 면접 안내원이 자신의 이름을 호명하면 일단 면접실 앞 의자에서 대기한다. 차례가 되어 면접실에 입실하면, 3명의 면접관을 마주하게 된다.

우선선발은 주로 인성면접으로 진행된다. 첫 질문으로는 지원 동기에 대해 설명해보라는 경우가 많다. 이미 자기소개서에 기재된 내용이긴 하지만, 구술로 답할 수 있게 미리 연습해두자. 대답을 마치면 다시 질문이 이어질 수 있는데, 전공분야와 법학이 구체적으로 어떤 관련이 있는지 묻거나, 하고자 하는 분야가 법학이 아니라 다른 분야는 아닌지 반론을 제기할 수도 있다. 우선선발이라고 해서 항상 훈훈하고 편한 분위기 속에 진행되는 것은 아니다. 다소 압박 면접이 이루어질 수도 있으니, 당황하시 말고 차분하고 공손하게 대답하자.

실질적인 평가가 이루어지는 심층선발의 경우, 별도의 구술시험을 치르기 때문에 면접시간은 총 20분이다. 면접 안내원이 이름을 호명하면, 면접실 앞 의자에 앉아 대기하면서 문제지와 메모지를 받는다. 먼저 10분간 문제지를 읽고 답변을 준비할 시간을 가진 후, 고사장에 입실한다. 면접관 앞에서 자신이 생각한 답을 설명하고 이에 대한 질문을 받는 지성면접이 끝나면, 남은 시간 동안 개인 신상과 관련한 인성면접이 진행된다. 면접관에 따라 처음부터 자기소개를 요구하는 경우도 있으니 대비해두도록 하자.

지성면접은, 사례를 제시하고 어떤 입장을 취할지 택일하라는 문제, 어떤 제도에 대한 생각을 묻는 문제, 제시된 상황이 정당하다고 생각하는지 묻는 문제 등 다양하게 출제된다. 물론 모든 질문에 대해서는 뒷받침

할 근거나 사례를 답변하도록 요구한다. 자신이 선택한 입장이나 의견에 대해 이를 뒷받침하는 이유를 제시하는 것도 중요하지만, 이러한 입장이 가진 문제점을 지적하고 그에 대한 대안까지 제시하는 등 다양한 시각에서 문제를 바라보는 태도가 필요하다.

면접 기출문제 및 예시

지성면접

Q 다음 중 한 문제를 골라서 자신의 생각을 말하고, 그에 대해 3개 이상의 근거를 대고, 각각의 근거에 대해 실제 사례를 들어 설명하시오.

A 경쟁은 개인과 사회의 도덕성을 증진시키는가?

B 규칙의 증가는 자유를 신장시키는가?

Q 다음 중 한 문제를 골라서 자신의 생각을 말하고, 그에 대해 3개 이상의 근거를 대고, 각각의 근거에 대해 실제 사례를 들어 설명하시오.

A 형벌은 인간을 신뢰한다고 생각하는가?

B 예로부터 사람들은 정의의 개념 구축에 노력해왔다. '정의는 나에게 이로운 것이다'라는 견해에 대해 어떻게 생각하는가?

Q 다음 3가지 사례의 공통점과 차이점은 무엇이고, 각각의 문제점과 대안은 무엇인가?

A 국가에서 범죄예방을 목적으로 하여 국민들에 마이크로 칩을 심어서 감정적 생각, 폭력적 사고 등을 정확하게 파악할 수 있도록 하는 법안을 통과시켰다.

B 아파트 주민회에서 주차공간이 부족해 테니스장을 철거하기로 했다. 테니스장을 사용하던 사람들이 다른 곳에 테니스장을 만들어야 된다고 의견을 모아 투표해봤더니 70%가 찬성하였다. 새로운 테니스장 건설에 들어가는 돈은 각자 똑같이 분담하기로 하였다.

C 3남 1녀의 자녀를 둔 사람이 사망하였다. 자녀들이 제사의 주재를 누가 할 것인지 의견일치를 보지 못하였다. 투표해보니 차남이 제사를 주재하였다.

Q 다음 제시문을 요약해 설명하고, 제시된 상황에 대한 창의적인 해결책을 제시하라.

[요약] 도로교통 상황에서는 다음과 같은 비효율이 발생하는 경우가 있다. 우선 사고가 발생해 도로 일부분이 막힌 경우다. 해당 방향 차선은 아예 차단된다 해도, 반대 방향 차선에서 정체가 일어나게 된다. 운전자들이 사고 현장을 보려는 호기심으로 근처를 지날 때 속도를 늦추기 때문이다. 결국 도로 전체에 전반적 정체가 일어나 10분 기다려 10초 구경하는 불합리한 상황이 발생한다. 그런데 운전자들은 정체로 인해 기다려야 했던 10분을 이미 지불한 비용이라고 생각해 오히려 10초 구경하는 것에

더욱 집착하게 된다.

한편 도로 한가운데 화물 등이 떨어져서 도로가 정체되는 경우도 있다. 이 정체를 해결하려면 누군가가 해당 장애물을 치워야만 한다. 그리고 장애물 가까이 도달한 운전자만이 장애물을 치울 수 있다. 그런데 그 운전자는 이미 정체된 도로에서 기다림이라는 비용을 지불했다고 생각해 장애물을 치울 동기를 갖지 못한다. 이와 같은 운전자들의 의사결정행위가 누적되면 정체는 끝없이 이어진다.

– 관중의 고사를 인용한 글 제시문
……(중략)

Q 관중이 큰 뜻을 펴기 위해 자신이 모시던 군주가 죽었음에도 뒤를 따르지 않았는데, 이러한 관중의 행적에 대해 평가하라.

[요약] 이슬람 사람들은 상거래 행위를 포함한 노동에 의한 수입에는 긍정적이지만 금융 이자에 대해서는 부정적으로 생각하며 멸시하기까지 한다. 그러나 금융업의 필요에 따라, 일부 이슬람 경제학자 사이에서 소비성 대출에 대해서는 이자를 금지시키고 사업성대출에 대해서만 이자를 용인하자는 등의 논의가 나오게 된다. 1970년대부터 이슬람식 무이자은행이 들어서기 시작했는데, 그 모태가 되는 것이 바로 손익분배제도와 같은 것이다. 이 제도는 정률의 이자율 대신 손익분배 비율만 정하고 손익

을 분담하는 것이다. 그래서 사회 정의에 입각한 이러한 이슬람식 금융제도(수쿠크법)가 그동안 정의 문제를 간과해온 서구 금융제도의 대안점이 될 수 있다.

[**질문**] 제시문 입장에 대한 찬반 견해를 각각 말하시오.

[1번 제시문 요약] '위험'은, 과학기술의 발달에 따라 특정 지을 수 있게 된 '객관적 위험', 사회적으로 공유된 관념에 의해 상정된 '인지의 위험'으로 분류된다. 위험을 관리하기 위해서는 여러 분야의 기관이나 전문가들이 함께 숙고하는 과정이 필요하다.

[2번 제시문 요약] 르네상스 시대의 다빈치와 같은 융합형 인재는 현대에서 사실상 불가능하다. 현대의 융합은 수십 년간 한 분야를 전공한 대가들이 모여 문제를 해결하거나 전문지식을 확장하는 과정에서 이루어진다.

[3번 제시문 요약] 창의성은 주관적인 가치이다. 부모는 어린아이의 그림을 창의적이라고 평가하지만, 보통사람들은 그렇지 않다. 학계의 입장에서 고등학교 수학 문제의 새로운 풀이는 창의적이지 않지만, 학생의 입장에서는 창의적이다. 이렇게 작은 창의의 결과들도 있다. 혹자는 과학과 예술의 창의성을 보고 '예술만 창의적이다'라고 평가한다. 특정 과학자가 없었어도 그 발견은 이루어졌을 것이지만, 특정 예술가가 없었으면 그러한 작품은 탄생하지 않았을 것이기 때문이다.

[4번 제시문 요약] 1963년부터 실시된 문이과 분리교육은 산업화에 필요한 인재들을 만들어냈으나, 산업화, 하드웨어, 형식의 시대가 아닌 정보화, 소프트웨어, 콘텐츠 시대인 지금은 적합하지 않다. 서예를 공부했던 스티브잡스와 심리학을 공부했던 마크주커버그는 그 좋은 예이다. 실제로 동아시아 국가들에서만 문이과 분리교육이 시행되고 있다. 이 논의를 대학에까지 확장시켜 대학 역시 커리큘럼을 통합하는 등의 수정을 기해야 한다.

[질문] 각 제시문을 한 줄로 요약하고 전체를 관통하는 주제를 찾아보시오.

[추가 질문]

• 1번 제시문의 두 가지 반대되는 화두는 무엇인가? 과거에 위험이었지만 개선된 위험과 새롭게 등장하는 위험의 예를 들어보시오.

• 2번 제시문과 대비되는 제시문은? 두 견해 중 어디에 동의하는가?

• 인문계와 실업계의 구분은 필요한가?

• 과학과 예술에 관한 3번 제시문의 논의에 대해 어떻게 생각하는가?

• 예술가들도 선배 예술가들에게 교육받으면서 성장하지 않나? 과학과 유사하지 않은가?

[1번 제시문 요약] 만장일치는 이상적이나 실현 불가능하다. 결국 다수결의 의견에 따르게 되는데, 그렇다면 소수자의 간절함은 어떻게 반영하는가?

[2번 제시문 요약] 운동 경기를 진행할 때 관행과 규칙을 따르지만, 심판도 필요하다. 정부는 성공적인 사회를 만들기 위한 심판 같은 역할을 한다.

[3번 제시문 요약] 처벌을 받지 않을 것이라고 확신하는 사람들은 개인의 이득이 더 중요하기 때문에 잘못된 행위를 반드시 한다.

[4번 제시문 요약] 전쟁을 이기는 방법은 미리 이기는 상황을 만들어 놓고 전쟁을 시작하는 것이다. 시작하고 승리할 방법을 찾으면 늦다. 이기기 위해 허허실실을 이용한다.

[5번 제시문 요약] 에볼라 관련해 의료단 파견이 결정되자 관련 간호사 중 일부가 퇴직하였다. 파견 의료진들을 3주간 격리시킬 예정인데, 이러한 의료진 격리조치가 의료진들이 자발적으로 발생지역에 가는 행위를 위축시킨다는 우려가 있다는 지적이 있다.

[질문] 각 제시문을 한 줄로 요약하고 전체를 관통하는 주제를 찾아보시오.

[추가 질문]

• 제시문 2번, 3번이 각각 제시하는 인간상을 이야기해보시오.

• 1번 제시문과 4번 제시문은 같은 주장인가?

• 5번 제시문의 근거를 1번 제시문을 들어 설명해보시오.

• 지원자가 생각하는 정부의 역할은?

123

인성면접

- 자기소개서에 기재한 사회·봉사활동 중 OO활동에는 어떤 여유로 참가하였는가?
- 학사 과정 중 어떤 과목을 가장 흥미롭게 수강하였는가?
- 사법고시에 응시한 경험이 있는가?
- 어떤 법조인이 좋은 법조인이라고 생각하는가?
- 앞으로 어떤 법조인이 되고 싶은가?
- 자신이 다른 경쟁자보다 어떤 점에서 뛰어나다고 생각하는가?
- 외국어 능력이 출중한데 이 능력이 앞으로 법조인으로 활동함에 있어 어떤 도움이 될 것이라고 생각하는가?
- 학비조달은 어떻게 할 것인가?
- 서울대학교가 아닌 타 대학교에서 학부를 졸업하였는데, 타 대학교에 진학했었던 이유는 무엇인가? 법학전문대학원은 서울대학교로 진학하려는 이유는 무엇인가?
- 법학전문대학원 제도가 효용성이 있다고 생각하는가?
- 법학적성시험이 법학수학능력을 평가하는데 적절한 시험이라고 생각하는가?

면접 예시
① 지성면접 예시
제시문 및 문제

[제시문 요약]

흡혈박쥐가 서로 피를 나누어주는 것은 이타적인 행위가 아니라 서로에게 이득을 주는 행위이기 때문이다. 흡혈박쥐의 습성이 진화론의 결과인 것처럼, 도덕도 개인들에게 이득이 되는 것이 선별되어 남은 것이다. 만일 도둑질이 만연한 공동체가 있다면, 그 공동체에서는 도둑질을 해서 이득을 볼 수 있겠지만, 자신의 소유물을 타인에게서 지켜내느라 막대한 힘을 소비하게 될 것이다. 이때 도둑질을 하지 않는 것을 도덕으로 삼는 공동체가 있다면, 자기 소유물을 지키는 데 힘을 소비하지 않아 결과적으로 이득의 총량이 올라갈 것이다. 이러한 공동체가 타 공동체를 복속시키거나, 이 공동체의 도덕이 타 공동체의 도덕에 영향을 주어 결과적으로 도덕들이 하나로 수렴할 것이다.

[문제] 도덕의 기원에 대한 설명으로는 선악의 구분을 할 수 없다는 비판에 대해 지문을 정당화하시오.

면접 진행

Q 제시문의 내용을 요약해보세요.

A 도덕의 기원에 대한 내용입니다. 여기서의 도덕은 '사회규범'을 의미하는 것으로 보이는데, 공동체에 이득이 되는 사회규범이 점차 지배적인 규범으로 발전되는 과정을 진화론에 접목시켜서 설명했습니다.

Q 선악의 구분을 할 수 없다는 비판에 대해 제시문을 어떻게 정당화할 수 있나요?

125

A 저는 선악의 개념 자체가 선험적이고 절대적인 가치라고는 생각하지 않습니다. 예를 들어 명예살인의 풍습이 어떤 사회에서는 '선'의 가치라고 생각될 것이지만, 우리 사회에서는 의심할 여지없이 이를 '악'의 가치라고 판단합니다. 그런 점에서 사회규범이라는 것에는 선악이 개입될 필요가 없습니다. 규범이라는 것은 공동체가 공존하기 위해 필요한 최소한의 규칙일 뿐입니다. 개인의 자율성과 개성을 발현시키는 것이 제일 우선시되어야 하고, 그 결과 공동체에 해가 끼치지 않을 정도로만 규범을 정립해 놓으면 된다고 봅니다.

Q 학생 말대로 절대적이고 선험적인 선악의 개념이 존재하지 않는다면, 사회에서 의사결정을 할 때에는 어떻게 해야 하는 것인가요?

A 저는 민주주의가 그 답이라고 생각합니다. 인간의 존엄성을 바탕으로 개인의 자유와 권리를 보장하는 헌법을 세우고, 민주적 절차 아래 다수에 의해 선출된 대표자들이 의사결정을 하는 체제를 갖추는 것입니다.

Q 그렇다면, 민주주의 체계의 단점은 무엇이라고 생각하나요?

A 민주주의에서 문제점은 바로 정보의 비대칭과 도덕적 해이입니다. 우리의 손으로 뽑는 대표자, 우리의 의사를 위임받은 대리인들이 선거공약을 공염불로 만들면서 주인인 국민의 의사를 무시하는 행동을 보여줍니다. 그들은 어떤 상황에서 판단을 내릴 때 그 상황에 대

해 완벽한 정보를 가지고 있지 않을 뿐 아니라, 그 결과에 대해 심사숙고해 결정을 내리지 않습니다.

Q 이러한 문제점을 해결할 수 있는 방안은 어떤 것이 있을까요?

A 이를 해결할 수 있는 근본적인 방법은 정보의 비대칭성이 사라지도록 정치인을 완벽히 모니터링하는 것인데 이는 거의 불가능합니다. 대신 차선의 방책으로 정치인들이 대리인의 임무를 더 잘하도록 유인제약을 잘 만들어주는 것이 필요합니다. 가령 정치인들이 사신의 공약집을 제시하고 다음 선거에서 공약 달성률에 따라 공천이나 선거에 가점을 주는 방식을 생각해볼 수 있습니다.

Q 이제 사회적 의사결정의 문제를 떠나서, 선험적인 선악이 존재하지 않는다면, 개인은 '도덕'의 구분을 어떻게 해야 할까요?

A 저는 도덕의 구분이란 개인이 각자 달리 판단할 수 있는 문제라고 생각합니다. 제가 생각하는 도덕과 다른 사람이 생각하는 도덕은 다릅니다. 다만 개인이 도덕관념을 가질 수 있도록 사회적인 도덕, 사회규범은 어느 한쪽으로 기울어짐 없이 공평한 입장을 견지해야 한다고 봅니다.

② 인성면접 예시

Q 학생은 어떤 법조인이 바람직한 법조인이라고 생각하나요?

A 저는 법조인은 법조인으로서의 직업윤리를 가져야 한다고 생각합니다. 법률 상인이 되어서는 안 되고, 사회적 약자를 생각하고, 공익을 증진시키며 사회를 한 단계 업그레이드시키는 데 노력하는 법조인이 바람직한 법조인이라고 생각합니다.

Q (자기소개서 기재 내용을 보면서) 그런데 학생의 자기소개서에는 향후 로펌에서 근무하고 싶다고 기재했는데, 좋은 법조인상으로 사회적 약자를 생각하는 법조인을 드는 것은 모순된 태도가 아닌가요?

A 로펌도 공익을 증진시키는 역할을 수행할 수 있다고 생각합니다. 가령 사내에 공익위원회를 두고 기금을 모아 공익사건이나 공익단체를 지원할 수 있습니다. 나아가 로펌에 따라서는 공익적인 가치를 중시하는 회사도 존재합니다.

예를 들어 어떤 로펌의 경우에는 모 대기업의 OO 사건이 터졌을 때 소송 의뢰가 들어왔음에도 불구하고, 일주일을 고민한 끝에 수임을 거절했다고 합니다. 저는 대형 로펌에 입사해 일하고 싶은 것이 아닙니다. 저와 가치관이 잘 맞는 공익활동을 강조하는 로펌에 입사해 활동하고 싶습니다. 또한, 장기적으로는 국제기구 산하 법무부에서 인종차별 대책 등을 마련하는 활동을 할 계획도 가지고 있습니다.

What
로스쿨에서는
무엇을 하는가?

법학전문대학원의 교육이념은 "국민의 다양한 기대와 요청에 부응하는 양질의 법률 서비스를 제공하기 위해 풍부한 교양, 인간 및 사회에 대한 깊은 이해와 자유·평등·정의를 지향하는 가치관을 바탕으로 건전한 직업윤리관과 복잡다기한 법적 분쟁을 전문적·효율적으로 해결할 수 있는 지식 및 능력을 갖춘 법조인의 양성"이다. 이를 위해 각 법학전문대학원은 다양한 법조인 양성을 위해 각자의 '특성화' 분야를 정하고 있다.

CHAPTER 01

수업 듣기

　　로스쿨은 '법학전문대학원'이다. 대학원이기 때문에 학기와 방학으로 나뉜다. 학기 중에는 수업을 듣고 방학에는 쉬니까 사법시험 준비에 비해 여유롭다는 인상이 있다. 그러나 논문을 쓰는 것을 목표로 하는 일반대학원과는 달리 학기 중에는 엄정한 상대평가를 거쳐야 하고, 3년 과정을 마친 뒤에는 변호사시험을 통과해야 하기 때문에 사법시험 준비와 일률적으로 비교하기는 어렵다. 오히려 법학전문대학원생들의 생활은 대입을 준비하는 고등학생들의 생활과 닮아 있다고 보는 것이 더 적절하다. 그래서 '로3'(로스쿨3학년생을 고등학교3학년생에 빗댄 말)이라는 표현이 등장할 정도다. 이에 덧붙여 서울대학교 법학전문대학원생들은 '실적심사'라 하여 졸업을 위해서 졸업소논문을 작성해야 한다는 점이 특수하다.

　　법학전문대학원 학생들은 정규 3년 과정 동안 90학점 이상을 수강해야 한다.[13] 법학에 관한 학사학위 이상의 학위를 취득한 경우 특별히 서울대학교 법학전문대학원에서 제출하는 시험을 거쳐서 15학점 이내의 학점을 인정받을 수 있지만 난이도가 상당히 높아서, 실제로 학점인정을 받은 사례는 매우 드물다.

커리큘럼

6학기 동안 90학점을 들어야 하고, 3학년이 되면 변호사시험 준비를 별도로 해야 하기 때문에 대부분의 학생이 1,2학년 4학기 동안 보통 한 학기에 15학점~18학점 정도를 수강하고, 3학년이 되어서는 각 학기당 9~15학점 정도를 수강한다. 대부분의 수업이 강의식으로 진행되고, 소위 소크라테스식 수업이 진행되는 교과는 매우 극소수이다.

서울대학교 법학전문대학원의 특이한 민법교육

서울대학교 법학전문대학원은 법학전문대학원으로 전환하면서 민법의 교육과정을 획기적으로 전환하였다.

---

13) 서울대학교 법학전문대학원 학칙 제15조(과정이수학점) "전문석사학위과정의 졸업에 필요한 학점은 90학점 이상으로 한다."

법과대학 체제				
민법총칙	채권총론	채권각론	물권법	친족상속법

$$\Downarrow$$

법학전문대학원 체제			
계약법	권리의 변동과 구제	채권의 담보와 보전	가족법
민사실무연습(전범위), 민사재판실무(전범위)			

　과거의 '민법총칙→채권총론→채권각론→물권법 →친족상속법'으로 이어지던 체제에서 '계약법→권리의 변동과 구제→채권의 담보와 보전'이라는 주제 하에 각 민법의 주제들을 재정리하고, 3학년 민사법실무연습과목에서 전체를 아우르면서 정리를 하는 방식으로 큰 전환을 꾀했다.

　이러한 변화는 곽윤직 전 서울대학교 법대 교수의 민법교과서를 물려받은 김재형 교수의 아이디어와 양창수 교수의 강의안이 기본이 되어 이루어졌다. 민법의 각 주제들을 분절해서 익히기보다 민사소송의 행위로서 유기적으로 익힐 수 있다는 장점이 있지만 한편으로는 이러한 변화 탓에 서울대학교 법학전문대학원 학생들은 큰 주제에 포섭이 어려운 부분에 대한 학습에 취약해 별도로 이를 채우기 위해 노력해야 하는 단점이 있다.

　그 외 형법 및 헌법, 행정법 등의 과목은 법과대학 때와 마찬가지로 총론→각론→소송법의 순서로 교육하지만 대신 학부에서 2학기에 나누어 가르칠 진도를 한 학기에 가르친다는 차이가 있다.

강의력이 뛰어난 교수에 대한 학생 쏠림현상

법학전문대학원 체제로 전환되면서 좀 더 친절하고 체계적으로 수업을 운영하는 교수에 대한 학생 쏠림현상이 강화되는 추세에 있다. 예를 들어 전공필수과목의 경우 똑같이 정원을 분배해도 10명 이상 수강인원이 차이나기도 하고, 3학년 실무과목에 강의력이 좋은 교수가 담당하게 해달라고 다방면으로 학장단에 강력히 요구하기도 한다.

이는 학점에 따라 학생들의 진로가 상당 부분 결정되는 데다가 3년이라는 한정된 시간 안에 변호사시험도 대비해야 하기 때문이다. 이왕 학점 경쟁을 하게 될 거라면, 제대로 된 수업을 들으며 실력을 쌓고 싶다는 게 학생들의 주장이다. 이러한 분위기 때문에 매 학기 서울대학교 법학전문대학원 내부커뮤니티에는 강의력이 떨어지는 교수, 학설을 지나치게 강조하는 교수[14], 수업준비가 부실한 교수, 옛날이야기로 수업을 대체하는 교수 등의 수업을 듣는 괴로움과 향후 변호사시험에 대한 공포감을 호소하는 학생들의 글이 심심치 않게 올라온다.

---

14) 변호사시험에는 학설의 중요성이 사법시험에 비해 떨어지고, 판례를 정확하게 많이 아는 것이 중요하다고 알려져 있다.

학년별 교과과정

		1학년 1학기	1학년 2학기	2학년 1학기	2학년 2학기	3학년 1학기	3학년 2학기
전공 필수	민사법	민법1 (계약법)	민법2 (권리의 변동과 구제)	민법3 (채권의 담보와 보전)			
			민사소송법				
	공법	공법1 (헌법과 정치제도)	공법2 (기본권론)				
			공법3 (행정법총론)				
	형사법	형법1 (형법총론)	형법2 (형법각론)				
	기타	법률 정보조사		법문서의 작성	모의재판	법무실습	
				법조윤리			
1강좌 필수	기초 법학	법철학, 법인류학, 법사상사, 법경제학, 한국법사, 한국근현대법사, 법인류학, 로마법					
	영어 강좌						

[학년별 교과과정]

일반론

① 1학년

　1학년의 경우 기본3법을 기준으로 전공필수과목이 편성되어 있다. 곧, 1학년 1학기에는 주로 전공필수 과목인 민법1(계약법), 공법1(헌법과정치제도), 형법1(형법총론) 및 법률정보조사 과목과 기초법학에 해당하는 법철학이나 전공선택 과목인 국제법1 정도를 수강하게 된다. 2학기에도 마찬가지로 전공필수 과목인 공법2(기본권론), 공법3(행정법총론), 민법2(권리의 변동과 구제), 민사소송법, 형법2(형법각론)을 듣게 된다.

처음 법학을 접하는 학생과 이미 학부에서 법학을 전공한 학생이 같은 수업을 수강하게 되기 때문에 소위 '쌩비법(학부에서 법학을 배워본 적 없고, 사법시험도 준비해본 적 없는 비법학사를 일컫는 말)'의 경우에는 법학공부의 '감'을 익히는 중요한 시기다.

한편 대형 로펌의 경우 채용시기가 빨라져 1학년 겨울방학 때부터 본격적으로 채용을 전제로 한 실무실습프로그램이 실시된다. 이 때문에 '얼리컨펌'을 노리는 학생이라면 1학년 성적이 매우 중요하다. 인턴 선발 시에는 1학년 1학기 성적과 학부 성적이 주요한 요소로 작용하지만 인턴기간이 끝날 때 즈음에는 2학기 성적표 제출을 요구받게 되기 때문이다.

② 2학년

2학년의 경우에는 필수적으로 수강해야 하는 과목의 수가 줄어들기 때문에 전략적 선택이 필요한 시기다. 1학기에는 전공필수인 법문서의 작성, 민법3(채권의 담보와 보전), 법조윤리[15]를 들어야 한다. 그외 전공선택 과목으로 공법3(행정법총론)의 연장선에 있는 과목인 행정구제법 및 행정절차법, 민사소송법의 후반부를 배울 수 있는 민사재판론, 그 외 상거래법, 회사법, 형사소송법 등을 각자의 계획에 따라서 취사선택해 14학점~17학점 사이를 듣게 된다.

2학기에는 모의재판만이 필수과목이고 나머지는 각자의 선택에 따라 선택과목을 수강하게 된다. 보통은 형사법과 관련한 실무과목인 사법연수원에서 파견 나온 교수가 개설하는 형사재판실무와 법무부에서 파견 나온 검사교수가 개설하는 검찰실무1을 수강한다. 각 수업에서는 형사소송법 및 기록검토 등을 배우며 실무뿐 아니라 변호사시험에서의 형사법 기록형에 대한 대비를 하게 된다.

③ 3학년

3학년부터는 본격적인 변호사시험을 위한 준비에 돌입한다. 대부분의 학생들이 변호사시험의 기록형 및 사례형을 대비하기 위해서 연습과목을 위주로 수강한다. 수업은 실무가 출신인 교수가 담당하게 된다. 1학기에는 헌법실무연습, 민사법실무연습과 사법연수원 교수가 개설하는 민사재판실무연습, 검사교수가 개설하는 검찰실무2를, 2학기에는 형사실무연습, 행정법실무연습, 상사법실무연습 등을 수강한다.

---

15) 변호사시험에 응시하기 위해서는 법조윤리시험을 별도로 통과해야 하는데, 그 선행조건으로 법조윤리과목을 수강해야 한다. 법조윤리과목은 변호사윤리에 대한 내용도 물론 포함되지만 기본적으로는 변호사법을 가르치는 과목이다.
상당수의 법학전문대학원이 이 법조윤리과목을 1학년 때 개설해 법조윤리 시험을 1학년 여름방학에 응시하도록 하고 있는 데 반해, 서울대학교는 법학의 기초가 다져진 이후에 법조윤리과목을 학습해야 한다는 입장에 따라 2학년 1학기에 과목을 수강하도록 하고 있다.
객관식 70점을 넘기면 통과하는 시험이지만 법조인의 윤리의식을 강화하자는 사회적 분위기에 따라 법조윤리시험의 난이도가 상승하는 경향을 보이면서 2학년 때 법조윤리과목을 듣도록 하여 1년에 한 번 치러지는 법조윤리시험 응시기회를 박탈하는 것이 아니냐는 비판도 존재한다.

④ 계절학기

정기적으로 개설되는 과목은 아직은 없다. 주로 여름방학에 영어강좌가 1~2개 정도가 개설되었으나 이 역시도 사전에 어떤 과목이 열리는지 알기가 쉽지 않다. 다만 2014년, 3학년의 변호사시험 대비를 위한 종합실무연습과목이 여름방학에 개설되었고 반응이 좋아서 2015년에도 개설될 예정이다. 종합실무연습은 1~2주씩 민사법, 형사법, 헌법 및 행정법 담당교수가 해당 과목의 전 범위를 아우르는 사례문제를 출제하고 학생들이 수업시간에 이를 시간에 맞추어 풀어본 뒤 강평 및 출제의도 등을 듣는 방식으로 진행된다. 이 과정에서 학생들은 제한시간에 맞춰서 답안을 작성하는 훈련을 하게 된다.

진로선택별 선택과목 차이

3학년부터는 변호사시험을 위한 본격적인 준비에 돌입해야 하기 때문에 전공필수 학점을 제외한 나머지 남은 학점은 평소 관심사나 향후 진로와 관련해 수업을 선택한다.

	1학년 1학기	1학년 2학기	2학년 1학기	2학년 2학기	3학년 1학기	3학년 2학기
변호사 시험대비 과목	민법1 (계약법) 공법1 (헌법과 정치제도) 형법1 (형법총론)	민법2 (권리의 변동과 구제) 민사소송법 공법2 (기본권론) 공법3 (행정법총론) 형법2 (형법각론)	민법3 (채권의 담보와 보전) 민사재판론 민사집행법 회사법 형사소송법 헌법소송법	민법4 (가족법) 형사재판실무 검찰실무1	민사재판실무 민사법실무연습 상거래법 헌법실무연습 행정구제법 행정절차법 검찰실무2	형사법실무연습 상사법실무연습 행정법실무연습
공통적으로 선택하는 수업	3과목 전부	5과목 전부	민사법3, 회사법		민사재판실무, 민사법실무연습 헌법실무연습	3과목 전부
지망 진로에 따른 추가 수업 선택	로클럭			민사재판론, 민사집행법, 형사소송법	형사재판실무 검찰실무1 민법4 (가족법)	사실인정론	
	검찰			형사소송법	형사재판실무 검찰실무1	검찰실무2(필수) 사실인정론	
	로펌 금융·기업법무·공정거래			독점규제법 자본시장법 기업인수합병 부정경쟁방지법 세법개론	기업재무와 법 국제조세	금융거래법 독점규제법연습	금융법연습 조세법연습 (계절학기)
	공공영역	한국의 공익인권소송 입법학			사법개혁론		

예를 들어 로펌에서 조세변호사를 지망하는 A는 변호사시험에서 선택과목을 조세법으로 정하고, 2학년 1학기 세법개론, 2학기 기업재무와 법, 국제조세, 3학년 1학기 금융거래법, 계절학기에 조세법 연습을 추가적으로 수강했다. 얼리컨펌이 되었기 때문에 다른 학생들에 비해 학점 부담이 덜한 데다가 변호사시험 대비도 동시에 되었기 때문인 것으로 보인다.

한편 로클럭을 지망하는 B는 2학년 1학기에 민사재판론, 민사집행법, 형사소송법을, 2학기에 민법4(가족법), 형사재판실무, 검찰실무1, 3학년 1학기에 사실인정론을 수강했다. 변호사시험 대비와 동시에 착실하게 민사법과 형사법의 기본을 쌓고자 한 것이 이유이다.

검사를 지망하는 C는 2학년 1학기에 형사소송법, 2학기에 검찰실무1, 형사재판실무, 2학년 2학기에 검찰실무2와 사실인정론을 추가적으로 수강했다. 특히 검찰실무과목을 통해 검찰신규임용시험을 대비할 수 있고 변호사시험의 형사기록연습을 할 수 있었던 것이 이점이었다고 한다.

3학년 2학기에 본격적으로 로클럭과 검찰의 채용과정이 진행되기 때문에 이를 준비하는 학생들은 3학년 1학기부터 스터디를 꾸려 연수원교재를 풀거나 별도로 진도를 맞추어 형사법 공부를 하는 등 별도의 공부를 하게 된다.

로클럭시험은 민법, 민사소송법, 형법, 형사소송법을 사례형 및 기록형으로 평가하고, 검찰시험의 경우 형법 및 형사소송법을 기록형으로 평가한다. 변호사시험을 앞두고 그 외 헌법, 행정법, 선택법 등을 주력해서 공부할 수 없는 데다가 학점관리도 해야 하는 입장에 놓이기 때문에 로클럭, 검찰을 준비하는 학생들은 다른 학생들에 비해 조금 더 힘겨운 3학년 2학기를 보내게 된다.

① 성적은 어떻게?

성적은 원칙적으로 상대평가를 하고 있다. 4.3 만점을 기준으로 전공필수과목의 경우에는 A학점이 25%, B학점이 50%, C학점이 21~25%, D학점이 0~4%를 부여하도록 되어 있다. 세부적으로 각 단계별로 비율이 정해져 있어 이를 초과해 학점을 부여할 수 없는 엄격한 상대평가를 적용하고 있다[16]. 선택과목은 이와 달리 큰 틀에서 A, B, C, D학점의 비율을 정하되 동일 등급 내에서의 +, 0, -의 비율은 교과목 담당교수에게 재량이 부여되고 있다[17].

한편 외국어 교과목과 수강생의 수가 10명 이하인 과목에 대해서는 위와 같은 비율이 적용되지 않고, 수강생의 수가 3명 이상인 경우 A등급이 40%를 초과하지 못하도록 정하고 있다. 곧, 수강생이 3명만 되면 1명만 A학점을 받을 수 있는 것이다.

---

16) A+ 7%, A0 8%, A- 10%, B+ 15%, B0 20%, B- 15%, C+ 9%, C0 7%, C- 5~9%, D 0~4%

17) A 25~35%, B 35~50%, C 15~40%, D 0~4%

위와 같은 성적부여 방식은 2014년 학칙 개정을 통해 정해졌다. 학칙 개정 이전에는 전 과목을 전공필수 과목처럼 엄격한 상대평가를 적용했다. 새로운 성적부여 방식이 채택된 이유는 다른 법학전문대학원에 비해 학생 수가 많고 개설되는 강좌의 종류도 많은 서울대학교 법학전문대학원의 특성 때문이다. 서울대학교 법학전문대학원은 특히 학점경쟁이 심하고 학생 간 편차가 적은 경향이 있다. 이러한 특성 때문에 교수들 사이에서도 지나친 학사엄정화를 통한 성적부여에 부담을 느끼는 경우가 있었고, 수강하는 학생 수가 적은 경우에는 성적에 부담을 느낀 학생들이 수강을 포기하는 일이 발생하는 등 폐해가 나타났기 때문이다[18]. 이에 따라 소수의 학생들이 수강하더라도 강좌를 개설할 수 있도록 성적부여 방식에 약간의 재량을 인정해 다양한 과목의 수강을 유도하게 된 것이다.

② 재수강, 학사경고와 유급[19]

성적과 관련해서 기타 참고할 만한 사항으로 재수강도 가능하지만, 재수강은 C+이하의 학점을 받은 경우에 한해 가능하며, 재학기간 동안 총 10학점까지만 가능하다. 또한 재수강 시 부여할 수 있는 최고 가능학점은 B+까지다. 한편, 학기말 성적 평점평균이 2.2이하이거나, 두 과목 또

---

18) 4명의 학생이 수강을 하면 각각의 학생의 수준이 비슷하다고 하더라도 엄정한 학점부여 방식에 의하는 경우 자동적으로 A, B, C, D학점을 네 학생이 골고루 가지게 된다.

19) 2015학년도 1학기부터 적용되는 시행규칙에 근거

는 6학점 이상이 F학점을 받는 경우 학사경고를 받게 되고, 학년말 성적 평균이 2.2이하인 경우에도 유급처분을 받게 된다[20]. 그리고 실제로 유급을 하는 학생들이 매해 존재한다.

③ 대학별 특성화는 어떻게?

법학전문대학원의 교육이념은 "국민의 다양한 기대와 요청에 부응하는 양질의 법률 서비스를 제공하기 위해 풍부한 교양, 인간 및 사회에 대한 깊은 이해와 자유·평등·정의를 지향하는 가치관을 바탕으로 건진한 직업윤리관과 복잡다기한 법적 분쟁을 전문적·효율적으로 해결할 수 있는 지식 및 능력을 갖춘 법조인의 양성[21]"이다. 이를 위해 각 법학전문대학원은 다양한 법조인 양성을 위해 각자의 '특성화' 분야를 정하고 있다.

서울대학교 법학전문대학원은 국제법무, 공익인권, 기업금융의 세 가지 분야를 특성화로 내세우고 있다. 위 목표에 부합하는 교과목을 개설하고 실무수습 과정도 특성화와 연계해 이루어질 것이라고 설명한다.

④ 특성화과목, 학생들은 얼마나 듣나?

서울대학교 법학전문대학원은 국제법무와 관련해 국제거래법개론, 국제경제/통상법, 국제분쟁해결, 국제투자분쟁해결, EU국제관계법, 국제

---

20) 외국어로 진행되는 과목의 이수학점은 제외된다.
21) 법학전문대학원 설치·운영에 관한 법률 제2조

사법, 국제투자법, WTO/FTA분쟁해결, EU법 등 다양한 과목을 개설하고 있다. 그러나 실제로 '국제'를 내세운 과목을 수강하는 학생은 3개 학년 약 450명을 통틀어 과목별로 편차는 있지만 5명~20명 정도이다.[22]

공익인권 부분과 관련해서는 1학년 전공필수로 공법과목들이 설정되어 있고 그 외 2학년 과목으로 여성주의 판례연구, 한국의 공익인권소송, 국제인권법, 사법개혁론, 생명윤리와 법, 법과 사회 등의 강좌가 개설된다. 2학년 과목의 경우 보통 8~20명 정도의 학생이 수강하고, 예외적으로 한국의 공익인권소송 과목만 해당 학기의 수업 시간표상 전공필수과목이나 변호사시험 대비에 주요한 과목과 겹치지 않는 경우 40명 가까이가 수강하고 그렇지 않은 경우에는 10명 미만의 학생이 수강한다.

그 외 특성화로 제시하는 기업금융 분야의 경우, 변호사시험 출제 과목인 회사법, 상거래법을 제외한 금융거래법, 기업인수합병, 자본시장법, 기업재무와 법, 국제기업지배구조론, 기업지배구조론, 독점규제법 등의 과목이 개설된다. 그 중 학점 부담이 적은 영어강의이거나 변호사시험의 선택법 중 하나인 경제법 출제 과목이 아닌 경우에는 1명이 듣는 단독강좌도 있고 10~20명 정도의 학생이 듣는 소수강좌도 있다.

---

22) 예외적으로 많은 학생이 수강하고 있는 특정 과목의 경우 평소 수업을 따라가기에 부담이 없고, 정해진 시험기간 이후 기간에 기말고사 한 번과 리포트 한 번으로 평가를 대신한다는 점이 매력이라고 학생들은 말한다. 더불어 해당강좌는 영어강좌이기 때문에 상대적으로 낮은 학점을 받을 확률이 적고, 졸업하기 전 영어강좌를 1개 이상 수강해야 하는 조건도 만족시킬 수 있어서 매우 매력적인 강좌라고 불리고 있다.

⑤ 왜 이런 현상이?

특성화는 사법시험이 아니라 법학전문대학원 체제로 전환하면서 '다양한 법조인 양성'을 목표로 추구되는 가치이다. 적지 않은 수의 학생들이 특성화 과목으로 지목되는 수업을 1~2과목 정도 수강하기는 하지만, 특성화를 했다고 말할 수 있을 정도로 정해진 분야의 여러 강좌들을 수강하기는 쉽지 않다.

커리큘럼의 문제, 학사엄정화의 문제, 변호사시험합격률 등 법학전문대학원생에게 닥친 현실은 '다양한 법조인'으로의 성장까지 추구하기엔 가혹하다는 게 학생들의 입장이다.

커리큘럼의 문제

서울대학교 법학전문대학원은 1학년의 경우 1학기에는 법학공부에 적응하느라 전공필수 외 전공선택 과목을 듣기 쉽지 않고, 2학기에는 전공필수 과목만 5과목, 15학점이기 때문에 그 외 과목을 수강하기가 어렵다. 3학년들은 본격적으로 변호사시험을 대비하기 위한 실무연습과목들을 수강해야 하기 때문에 또한 변호사시험에 출제되는 범위를 다루는 과목 외 수업을 듣기 부담스러워 한다. 그러다 보니 2학년 때가 거의 유일하게 변시과목 외 전공선택 과목을 수강할 수 있는 시기가 된다. 그러나 이 시기에도 들어야 할 변시과목[23]이 있고, 검찰 및 로클럭 진출을 위해 들어

---

23) 학년별 교과과정 표 참조

야 하는 과목이 있고, 또 졸업을 위해서는 영어강의와 기초법 강의를 각 1강좌 이상씩 들어야 하기 때문에 특성화 교육을 위해 마련되어 있는 강의를 듣기 위해서는 신중하게 이익형량을 해야 한다.

학사엄정화의 폐해

특성화 과목으로 불리는 강좌들은 대개 강의의 수준이 높고 학업강도가 세다. 학생들은 변시과목인 경우라면 어차피 들어야 하니 학점경쟁을 하더라도 이왕이면 강의력이 좋은 교수의 수업으로, 변시과목이 아니라면 수업의 난이도가 높아서 많은 시간을 들여야 하는 과목보다는 소위 '널널한 과목', '학점을 잘 주는 과목'을 선호하게 된다. 수강신청을 할 때 가장 중요한 기준이 '학점'이 되고 있는 것이다.[24]

서울대학교 법학전문대학원의 경우 학업과정 중에 대형 로펌에 취업이 되는 경우가 많은데 이 경우 학점이 매우 중요한 요소로 작용한다는 것이 학생들 사이의 중론이다. 그래서 학생들 중 일부는 '얼리컨펌'을 노

---

24) 한편, '널널한 과목'이라고 해서 실제로 학생들이 공부를 덜 하는 것은 아니다. 기본적으로 '열심히' 공부하느라 학창생활을 보낸 습관 때문에 서울대학교 법학전문대학원 학생들은 S/U로 진행되는 모의재판, 법문서 작성 등의 과목에서도 배우는 것이 있다고 생각이 되면 열의를 불태운다. 물론, 강사의 준비부족 등으로 인해 수업을 들을 가치가 없다는 판단이 드는 경우에는 시간을 들여 수업시간에 앉아 있기보다는 자습을 택하는 학생도 많다. 결국 학점의 문제를 넘어 수업의 질이 학생의 수업열중도 및 학습의지에 큰 영향을 미치는 것이다.

리고 1,2학년 때 변시과목보다 상대적으로 높은 학점을 받을 수 있는 영어강좌를 통해 전반적인 학점을 끌어올리고, 컨펌 이후에 변시과목을 들으며 부족한 부분을 채우는 경우가 있다. 경제·경영학과를 전공하지 않은 학생의 경우에는 기업금융 분야의 과목을, 비법학사는 법학사가 많이 듣는 수업을 회피하기도 한다.

학생들 중 일부는 '얼리컨펌'을 노리고 1,2학년 때 변시과목보다 상대적으로 높은 학점을 받을 수 있는 영어강좌를 통해 전반적인 학점을 끌어올리고, 컨펌 이후에 변시과목을 들으며 부족한 부분을 채우는 경우가 있다.

한 학기에 18학점까지 들을 수 있지만, 대부분의 학생이 15학점을 드는 이유도 학사엄정화 때문이다. 다른 학생들이 15학점 들을 때 혼자 18학점을 들으면 상대적으로 각 과목을 공부할 시간이 부족하게 되어 학점 경쟁에서 불리해질 수 있기 때문이다.

변호사시험 합격률의 문제

법학전문대학원 체제는 다양한 법조인 양성을 그 교육이념으로 내세우면서 출범하였다. 서울대학교 법학전문대학원은 이러한 교육이념에 맞게 학생들이 다양한 과목을 부담 없이 들을 수 있도록 소위 '변시과목(변호사시험에 출제되는 과목)'이 아닌 강좌에 대한 성적부여 방식의 재량을 넓혔지만, 그럼에도 불구하고 기타의 과목을 듣는 학생은 소수에 불과하다.

이는 점차 낮아지는 변호사시험 합격률로 인해 상당수의 학생들이 다양한 강좌를 듣기보다는 변호사시험을 대비할 수 있는 소위 '변시과목'을 듣는 쪽이 안전하다고 생각하기 때문인 것으로 보인다.

CHAPTER 02

자습하기

학기 중에는 수업을 듣는 시간 외의 시간에 자습을 한다. 교수의 강의를 녹취해서 이를 다시 들으며 타이핑하기, 필기 정리하기, 교재 읽으며 예습복습하기 등을 한다.

각 과목에서 학생들은 한 주에 교재 50페이지 남짓을 배우게 되는데 4~5개의 수업을 듣기 때문에 한 주에 예습 또는 복습으로 읽어야 하는 교재의 양이 250페이지 정도가 된다. 법학을 처음 접한 학생의 경우 보통 법학교재 10페이지를 집중해서 읽는데 약 1시간 정도의 시간이 필요하므로 순전히 수업을 위해서만 한 주에 25시간의 공부가 필요하다.

평소에 주6일 이상 충실히 공부시간을 확보해서 공부하지 않으면 수업진도를 따라가기도 쉽지 않다[25]. 시험기간에만 바짝 공부해도 어느 정도는 진도를 따라잡을 수 있었던 학부생의 공부와는 그 성격이 다르다.

방학 중에는 실무실습이나 계절 학기를 듣는 외에 그 다음 학기에 개설되는 강좌에 대비해 예습을 한다. 인터넷강의를 이용해 빠르게 전체를 훑는 학생도 있고, 기본서를 차근차근 읽으며 민법 등 중요한 과목의 내실을 다지는 학생도 있다.

법오학파? 서암학파? 중도학파?

서울대학교 법학전문대학원생들이 자습을 할 수 있는 공간은 크게 법대 15동 건물의 5층에 마련되어 있는 열람실(법대 오층 열람실이라는 뜻으로 '법오'라고 불린다), 법대 도서관이 있는 서암법학관에 마련된 열람실(서암법학관을 줄여서 '서암'이라고 부른다), 서암법학관 안쪽에 있는 구 법대도서관인 국산도서관의 열람실(줄여서 '국산'이라 부른다), 중앙도서관 열람실(줄여서 '중도'라고 부른다), 법대 15동 4층 강의실을 열람실로 개조한 공간 및 15동 1층의 로비인 유민홀에 마련된 휴게실 등이다.

학생들은 각자의 공부 스타일에 따라 공간을 선택하게 된다. 이에 따라 법오에서 공부하는 학생들을 '법오학파', 서암에서 공부하는 학생들을 '서암학파', 중앙도서관에서 공부하는 학생들을 '중도학파'라고 부르기도

---

25) 수업을 듣는 시간이 3~5시간 정도가 소요되므로 하루에 공부를 할 수 있는 시간은 식사시간과 이동시간, 휴식시간 등을 제외하고 나면 아침 9시에서 12시까지를 기준으로 15시간 중 6~8시간 정도를 자습에 투자할 수 있다. 6~8시간을 하루에 투자하면 주7일 중 6일 동안 36~48시간 정도의 자습시간을 확보할 수 있게 된다.

한다. 각 공간의 특성이 다른 만큼 이를 선택하는 학생들의 공부스타일도 서로 다르기 때문이다.

법오학파

법오는 평상으로 이루어진 1열람실(보통 법오작은방을 줄여서 '법오작방', '작방' 등으로 불린다), 평상과 칸막이가 있는 책상으로 이루어진 2열람실(보통 '큰방'이라고 불린다), 2열람실에서도 안쪽에 문이 하나 더 달려 방으로 나뉘어져 있는 공간('골방'이라고 보통 불린다)도 있다. 학생들 저마다 학습취향에 맞는 공간을 선택해 공부한다. 현재는 4층에도 새로이 열람실이 생겨 독서실 분위기를 선호하는 학생들을 위한 학습공간이 충분히 제공되고 있다.

법오는 도서관의 열람실보다는 독서실에 가깝기 때문에 법오 내에서 타이핑은 할 수 없고 무음마우스나 터치패드를 이용한 약간의 클릭만이 가능하다. 타이핑을 위해서는 별도로 강의실이나 휴게실을 이용해야 한다(이러한 규칙을 모르는 신입생들이 법오에서 타이핑을 하다 내부 커뮤니티에서 눈총을 받는 일이 매해 발생하기도 한다). 독서실 분위기를 선호하는 학생들이 주로 법오에서 공부한다.

서암학파

서암법학관은 구 법학도서관국산법학인 국산법학도서관을 유리건물로 씌워 만든 공간이다. 국산법학도서관은 (故)국산 김택수 선생이 기부해 건립된 건물로서 독립된 별도의 건물을 갖춘 우리나라 최초의 법학전문도서관이다. 서암법학관은 꾸준한 장서확충으로 공간 부족현상이 심화되고 시설이 노후화됨에 따라 서암 윤세영 선생의 후원 아래 만들어졌다. 법학전문대학원 개원에 맞춰 기존의 국산법학도서관과 연결해 하나의 복합구조물을 이루게 된 것이다.

　서암에는 도서관에 딸린 열람실과 별도의 열람실이 있는데 보통 서암파라고 불리는 학생들은 별도의 열람실에서 공부한다. 열람실은 평상으로 이루어져 있고, 법오에 비해서 상대적으로 밝고 자유로운 분위기이다. 열람실의 맨 창가 쪽 좌석에는 노트북존이 별도로 마련되어 있어서 노트북을 이용해 필기정리 등을 하며 학생들에게 선호되는 공간이다. 그러나 이곳에서도 타이핑을 세게 치거나 마우스 클릭 소리를 지나치게 크게 내서는 안 되기 때문에 보통은 서암관의 1층에 있는 휴게실에서 타이핑을 하는 경우가 많다.

　서암은 계단을 내려가면 바로 밖으로 나갈 수 있어서 공부를 하다가 산책을 하거나 흡연을 하는 등 별도의 휴식시간을 가지는 것을 선호하는 학생들이 많다.

중도학파

　중앙도서관은 서울대학교 학생들이 주로 공부하는 공간이다. 평상으로 이루어진 열람실이 주를 이룬다. 최근에는 관정도서관이 새로 건립되어서 더 쾌적한 공간을 찾는 학생들이 늘어날 것으로 보인다.

중앙도서관은 법과대학에서 5분 정도 걸어가야 있기 때문에 노트북에 무거운 교재까지 들고 강의실로 이동하는 데 번거로움이 있는 단점이 있다. 반면 하루 종일을 학우들과 같은 공간에서 보내는 것과 같이 학교생활의 피로감을 느끼는 학생들의 경우에는 법과대학에서 약간 멀더라도 편안한 분위기를 유지하고자 중앙도서관에서 공부하기를 좋아한다.

중앙도서관에서 공부하는 학생들은 대체로 학부를 서울대학교에서 나오고 학부시절에 해당 공간에서 공부를 해본 경우가 많다. CPA, 행정고시 등을 중앙도서관에서 준비했던 학생들이 특히 선호하는 경향이 있다. 익숙한 공간에서 공부를 하는 것이 마음이 편하다는 게 해당 학생들의 공통된 의견이다.

소수파

① 국산법학도서관 열람실

학교에서 공부를 하는 학생들은 보통 법오에서 공부하는 경우가 가장 많고 그 다음이 서암, 그 다음이 중도의 순으로 이어진다. 그 외 서암법학관에 있는 국산도서관 열람실을 이용하는 학생들도 있다. 국산법학도서관은 사법고시를 준비하는 학생들이 많아 법학전문대학원생들의 이용이 적은 편이었으나, 현재는 국산법학도서관에도 지정좌석을 배정하는 등 법학전문대학원생들의 유입이 많아지는 추세에 있다.

② 녹두 독서실

신림동에서 자취를 하는 학생들의 경우 3학년이 되면 이동거리를 줄이기 위해서 녹두 고시촌의 독서실에서 공부를 하는 경우가 있다. 서울대학교 법학전문대학원의 열람실은 학생 전원에게 지정좌석을 배정하기에는 좌석수가 부족하다. 그렇기 때문에 한 번에 여러 권의 무거운 책을 보는 3학년의 경우에도 지정좌석을 배정받지 못하면 해당 교재들을 매일 좌석에 옮겨놓고 공부가 끝나면 치우는 등의 과정을 반복해야 한다. 또한 학교에서 동기들을 마주치는 것이 스트레스가 되는 예민한 시기인 만큼 별도의 자기만의 공간을 원하는 학생들이 녹두 독서실로 학습공간을 옮기기도 한다.

③ 집

학교에서 공부를 하다 보면 휴식공간이 마땅치 않아 어려움이 많다. 여학생의 경우 여학생휴게실이 별도로 마련되어 있지만 남학생의 경우에는 휴게장소의 소파를 이용하는 경우가 종종 있다.

학교에서의 집중된 학습보다는 휴식을 자유롭게 하고 편안한 마음으로 공부를 하고 싶은 학생의 경우 집이나 집 근처 독서실에서 공부를 하기도 한다. 학교와 집이 멀더라도 통학을 하는 학생의 경우 이러한 방법을 선호한다.

CHAPTER 03

공부 외 활동

학회활동 및 동아리 활동

서울대학교 법학전문대학원에는 법과대학 시절에 만들어져 명맥을 이어가고 있는 학회[26]와 법학전문대학원 출범 이후 학생들이 자발적으로 관심사에 따라 만든 학회[27], 그리고 취미와 관심사에 맞추어서 만들어진 동아리들이 있다. 학생들은 학회 및 동아리활동을 통해 자신과 비슷한 관심사를 가진 동기 및 선후배를 사귈 수 있을 뿐만 아니라, 관련 분야에 관심이 있는 지도교수와도 친분을 쌓을 기회를 제공받게 된다.

---

26) 대표적으로 사법학회, 국제법학회, 형사법학회 등이 있다.
27) 가장 최근에 만들어진 학회로 엔터테인먼트법학회가 있다.

학회	동아리
건설법연구회	Jessup
경제법연구회	Journal of Korean Law
공법학회	Law&Lit
과학기술과법학회	Vismoot
국제법무학회	공들임 – 공익기금
국제법학회	로스타임 – 축구부
기업금융법학회	로켓 – 농구부
미디어정보법학회	로테 – 테니스부
사법학회	버톨리
엔터테인먼트법학회	법기독학생회
의료제약법학회	법전거 – 자전거동아리
인권법학회	법학평론
입법정책학회	불교학생회
조세법학회	서울법대 야구부
중국법학회	설마 –마라톤동아리
통일법학회	소리통로
형사법학회	팩맨 – 팩차기동아리
환경에너지법학회	프로보노
	합창단

모임은 어떻게 운영이 되나?

학회와 동아리는 학생들이 자발적으로 만들어 2013년에 출범한 자치단체협의회의 소속으로, 매해 3월 말에 등록절차를 거치도록 하고 있다. 각 학회와 동아리들은 대부분 3월 첫 주, 둘째 주에 걸쳐 설명회를 여는데 신입생들은 각자의 관심사에 따라 학회 및 동아리에 가입한다.

① 학회

학업이 중심이 되는 법학전문대학원 생활의 특성상 대부분의 학회는 평일 점심시간에 식사를 하면서 세미나를 하는 방식으로 운영된다. 저녁 시간을 이용하는 학회의 경우에도 마찬가지로 저녁식사를 같이 하면서 세미나를 진행하는 경우가 많다. 세미나는 주로 팀별 발표와 질의응답식으로 이루어지지만, 일부 학회에서는 질의응답보다 토론을 선호하기도 한다.

세미나뿐만 아니라 학회는 학업 외 다양한 활동의 중심이 된다. 학회 내에서 팀을 짜서 대회에 참가하기도 하고, 모의법정이나 외부단체와 연계한 학술대회를 개최하기도 한다. 예를 들어 형사법학회의 경우 학회 내 2학년과 1학년을 팀을 짜서 대법원이 주최하는 가인법정변론대회의 형사법 부분에 참가하기도 하고, 국제법 학회의 경우 법조 선배들이 재판관으로 참여하는 국제법 모의재판을 개최하고 있다. 미디어정보법학회는 방송통신위원회 및 미래창조과학부 등과 연계해 방학 중 실무수습 프로그램을 제공하고 있으며, 그 외 다양한 학회들이 각자의 관심분야에 맞게 강의실을 빌려 영화를 상연하거나 연사를 모셔 강연회를 개최하는 등 활발히 활동하고 있다.

② 동아리

동아리의 경우 특정 날짜를 정해놓고 모임을 갖는 경우도 있지만 상시적으로 마음이 맞는 사람들끼리 모여서 동아리활동을 하는 경우가 많다. 운동 동아리인 로스타임(축구부), 로켓(농구부), 서울법대 야구부 등은 전국의 법학전문대학원이 연합해 개최하는 대회에 참여하기도 하고, 일부 동아리는 대회에서 좋은 성적을 거두기도 한다.

국제대회에 참가하기 위한 모임인 Jessup(국제법모의재판대회 참가를 위한 모임), Vismoot(국제상사중재모의재판대회 참가를 위한 모임) 등은 소수정예로 운영되며 국내대회에서 좋은 성적을 내고 국제대회에 참가하고 있으며, 법학평론이나 JKL의 경우 학술지를 발간하는 등의 활동을 하고 있다.

학회활동은 얼마나 하나?

신입생들은 첫 주에 학회 및 동아리 설명회를 다녀본 뒤 평균 2~3개 정도의 학회 및 동아리에 가입해 활동한다. 평소 관심이 있는 세부 주제에 따라 미디어정보법 학회나 기업금융법학회 등 특색 있는 학회 중 1개, 규모가 큰 기본법 학회인 사법학회나 형사법 학회 등에서 1개, 운동 동아리 1개 정도를 드는 식이다. 많은 경우 5개까지 가입하는 학생도 있는데, 학부 전공 관련된 학회, 친목도모를 위한 소규모 학회, 운동동아리 2개, 운동 외 취미생활이나 종교생활을 위한 동아리 1개를 가입했다. 학회든 동아리든 참석이 강제되는 것이 아니라 본인의 상황에 따라 유동적으로 참여할 수 있기 때문인 것으로 보인다.

보통 학회 및 동아리 활동은 2학년까지 주로 활동하게 되는데 3학년이 될 때 즈음 되면 1~2개 정도의 학회 및 동아리에 주력하게 되는 것이 보통이다. 학회나 동아리 활동에 강제성이 없다고 하더라도 학년이 올라갈수록 공부 외 다른 활동에 시간을 들이는 것이 점점 부담스러워지기 때문이다.

학회활동의 진로상 이점은?

학회활동은 대형 로펌 실무실습과정에 지원할 때 자기소개서 작성 시 좋은 소스가 된다. '내가 이 분야에 관심이 있다'는 것을 어필하기에 좋은 지표가 될 뿐만 아니라, 관련한 진로를 먼저 개척한 선배를 만날 수 있기 때문이다. 그러나 동시에 많은 선후배와 접촉하게 되는 만큼 열심히 활동하지 않는다면 성실하지 않다는 평가와 함께 기회주의자로 보일 수 있으니 지나치게 많은 학회에 발담그기식으로 접근하는 태도는 지양해야 한다.

실무수습

서울대학교 법학전문대학원 실무수습은 주로 방학기간에 이루어진다. 서울대학교 법학전문대학원과 각 실무수습기관 간의 사전 협약에 의해 미리 논의된 업무범위 내에서 실무수습 교육이 이루어지도록 하고 있다. 학생들은 실무수습기관에서 변호사로서, 검사로서, 판사로서의 업무를 경험하게 된다.

실무수습은 서울대학교 법학전문대학원에서 운영하는 '인재마당'이라는 프로그램을 통해 서류심사와 면접을 거쳐 대형 로펌에 채용을 전제로 실무수습을 거치거나, 학교에서 배정해주는 기관으로 실무수습을 경험할 수 있다 (이하 '학교배정실무수습').

학회활동은 대형 로펌 실무실습 과정에 지원할 때 자기소개서 작성 시 좋은 소스가 된다. '내가 이 분야에 관심이 있다'는 것을 어필하기에 좋은 지표가 될 뿐만 아니라, 관련한 진로를 먼저 개척한 선배를 만날 수 있기 때문이다.

각 실무수습과정은 기간이 겹치지 않는다면 양자를 모두 할 수 있다. 각 실무수습과정은 짧게는 1주에서 많게는 4주까지도 진행되며, 대체로는 2주간 이루어진다. 실무실습과정은 해당기관으로으부터 교통비, 식비 등 어떠한 명목으로든 대가를 수령하지 않는 한 1학점까지 인정받을 수 있다.[28]

실무수습은 어디서?

주된 실습과정 협력기관으로는 김앤장법률사무소, 법무법인 태평양, 세종, 광장, 율촌, 화우, 지평, 덕수, 한결 등 주요 로펌들과 또 법원, 검찰, 법제처, 육군본부, 국민권익위원회, 국세청, 대한법률구조공단 등의 기관 및 단체가 있다. 그 외에도 주한미국상공회의소, 전국경제인연합회, 한국무역협회, 무역진흥공사, 민주사회를 위한 변호사 모임, 한국성폭력상담소, 경제정의실천연합, 서울YMCA, 경제개혁연대, 한국여성의 전화연합, 대한 가정 법률복지상담원, 한국증권협회, 한국생명보험협회,

---

28) 곧, 실무수습을 3개 기관에서 하더라도 1개 기관까지만 학점인정을 받을 수 있다.

한국손해보험협회, 한국은행, 한국산업은행, 재정경제부, 한상사중재원 등의 단체들과 삼성과 같은 회사에서 실무수습을 경험할 수 있다.

어떻게 가나?

① 법원

법원의 경우 겨울방학에 2주과정인 기본실무실습과 4주과정인 심화실무실습과정을 별도로 모집한다. 기본실무실습과정의 경우 검찰일반실무실습과 마찬가지로 각 법학전문대학원 인원에 비례해 선발한다. 정원대비 12.5% 정도의 인원이 선발되므로 서울대학교 법학전문대학원의 경우 19명 정도의 학생이 법원실무실습과정을 경험할 기회를 얻게 된다. 심화실무실습과정은 2학년 2학기를 마친 재학생이 학교에 지원서, 성적증명서 등의 서류를 접수하면 학생이 1,2순위로 지망한 수습법원 중 1개 법원에서 면접을 보게 되며 그 결과에 따라 선발된다. 법원심화실무실습의 경우 교수 2명의 추천서가 요구된다는 점이 독특하다. 한편, 대법원에서 개최하는 가인법정변론대회에서 본선을 통과해 결선에 진출한 학생에게는 법원실무수습 심화과정에 선발될 수 있도록 적극 추천해주는 특전을 제공하고 있다.[29]

---

29) 한편, 법원실무실습의 참여 여부와 재판연구원(로클럭)선발과는 아무 관련이 없다. 다만, 실무실습 등에서의 기록검토 및 보고서 작성 등의 경험이 본 선발에서 간접적으로 도움이 된다고 한다.

② 검찰

검찰의 경우 2학년 여름방학에 개설되는 일반실무실습과정의 경우에는 학교 업무지원실에 신청서 및 성적증명서 등을 제출하면 학교에서 일괄적으로 서류를 법무부에 제출하게 되고, 학교에 배정된 인원에 맞추어 1,2차수로 나누어 실무실습 대상자가 결정된다. 일반실무실습의 경우 전국의 법학전문대학원에 각 학교별 인원수에 비례해 선발하기 때문에 서울대학교 법학전문대학원의 경우 가장 많은 학생이 일반실무실습에 참여할 수 있다.

한편, 2학년 겨울방학에 개설되는 심화실무실습과정의 경우에도 마찬가지의 지원과정을 거치지만 이 경우는 학교별 인원수를 비례해 뽑는 것이 아니라, 지원자의 성적이나 기타 다른 요인들을 고려하기 때문에 매번 선발인원이 유동적이다. 서울대학교 법학전문대학원의 2013년 검찰심화실습 인원은 35명, 2014년에는 48명이었다.[30]

③ 로펌

대형 로펌의 실무수습과정의 경우 학기 중에 각 로펌별로 설명회를 개최한다. 이후 학교 내부 커뮤니티나 각 회사의 홈페이지에 공고가 올라오면, 대상이 되는 학년의 재학생이 이력서, 자기소개서 및 성적증명서를 각 회사에 제출한다. 회사는 각자의 기준에 따라 인턴을 선발하게 되

---

30) 48명 중 1명이 철회해 실제로는 47명이 참여했다고 한다.

며, 방학 중 1, 2차로 차수를 나누어 선발하기도 하고, 한 번에 선발하기도 한다.[31] 일정과 기관은 각 로펌마다 다르기 때문에 주의해야 하고, 여러 회사에 인턴으로 선발된 경우에는 철회하거나 다른 차수로 옮겨달라고 요청하기도 한다. 실제로 기간이 겹치는 로펌 두 곳에 동시에 선발된 학생의 경우 채용가능성이 높아 보이는 로펌을 선택하는 경우도 있었고, 뒤늦게 타 기관의 수습과정(선발 시기가 로펌에 비해 늦은 검찰 및 법원)에 선발되어 로펌 수습과정의 차수를 옮긴 경우도 있었다. 물론, 모든 로펌에 지원하더라도 연락을 받지 못할 수도 있다.

④ 헌법재판소

헌법재판소의 실무수습과정은 학교배정실무수습으로서 채용을 전제로 하지 않는다. 학교 내부 커뮤니티를 통해 공고가 올라오면 재학생은 지원서를 작성해 학교에 제출하면 된다. 단, 지원자격이 '헌법 과목을 수강한 자'이기 때문에 1학년 겨울방학부터 지원할 수 있다.

실무수습과정은 매 방학마다 1, 2차수로 진행되고, 한 차수당 서울대학교 법학전문대학원에 배정된 인원은 3~4명이다. 해당 실무수습을 경

---

31) 각 로펌들은 전년도의 실무실습과정의 시기와 기간에 대한 자체적인 평가를 바탕으로 전형의 방식을 바꾸기도 한다. 예를 들어 법무법인 태평양의 경우 2014년도 겨울방학에 2학년을 대상으로 한 일주일간의 채용전제 실무수습프로그램을 진행했지만 2015년도에는 다른 법무법인과 마찬가지로 2주일에 걸친 실무수습프로그램을 2차수에 걸쳐 진행했다.

험한 학생에 따르면 공법과목을 많이 들은 학생이나 해당 과목의 성적이 좋은 학생을 선호하는 것 같다고 한다.

⑤ 기타

공공기관이나 작은 법률사무소 등 채용을 전제로 하지 않는 실무수습 기관의 경우에는 학교의 '인재마당'이라는 프로그램을 통해 학교 측에서 지원자에 한해 기관에 배정을 한다.

1학년 겨울방학부터는 대형 로펌의 채용전제 실무수습과정이 본격적으로 진행되기 때문에 공공기관으로의 진로도 열어두고 있는 학생들은 1학년 여름방학을 이용해 실무수습을 다녀오기도 한다.

실무수습과정에서는 무엇을 하나?

① 법원

법원기본실무실습 및 심화실무실습과정에서는 각 재판부에 소속되어 지도관(부장판사)의 지도 아래 사건기록을 검토하고, 보고서와 의견서 등을 작성하면서 실제 재판이 어떻게 진행되는지를 배울 수 있다. 심화실무실습의 경우 재판연구원으로서 4주간 특정 재판부에 소속되어 업무를 경험하지만 일반실무실습의 경우에는 기간도 2주로 짧고, 특정한 재판부에 소속되기보다 여러 재판부의 업무를 조금씩 경험하게 한다는 점에서 차이가 있다.

② 검찰

검찰의 경우 여름방학에 진행되는 일반실무실습과정의 경우 1, 2차수로 나누어 각 2주씩 진행되며, 첫 주는 법무연수원에서 강의 및 기록연습 등을 하고, 둘째 주에는 일선청에 배정받아 대략적인 검찰수사 업무에 대해 배우게 된다. 이 과정은 채용과 아무런 상관이 없기 때문에 전국에서 모인 법학전문대학원 학생들의 만남의 장과 같은 역할을 한다.

겨울방학에 진행되는 심화실무실습과정은 3주에 걸쳐 진행되는데 첫 주, 셋째 주에는 형사기록을 검토해 보고서를 작성하는 기록시험을 보게 되고, 둘째 주에는 일선청에 실제 검사실에 배정되어 실무를 경험하게 된다. 검찰심화실무실습의 경우 실습과정에서 치른 기록시험 및 면접 등의 평가결과가 개별적으로 우편으로 전달된다. 해당 성적은 이후 검찰 본 선발의 서류심사과정에서 반영된다고 알려져 있다.[32]

③ 로펌

로펌의 경우 채용을 전제로 한 선발의 과정이기 때문에 채용담당 변호사의 지도 아래 간략화된 사건기록을 바탕으로 소장과 답변서, 의견서 등

---

32) 더불어 본 선발 시에도 심화실무실습에 참여했는지 여부가 영향을 미칠 것이라는 여론이 존재한다. 실제로 서울대학교 법학전문대학원 3기, 4기의 검찰채용자의 경우 검찰 심화실무실습에 다녀오지 않은 학생은 단 한 명도 없었기 때문이다. 그러나 검찰은 공식적으로 어떠한 기준과 어떠한 요소를 평가의 중심 부분으로 생각하고 있는지 밝히지 않고 있다.

의 법률서면을 작성하는 법을 배우고, 그에 대해 피드백을 받게 된다. 강의 – 과제 – 강평의 구조로 교육과정을 구성하는 회사도 있고, 팀별로 과제를 계속적으로 해결하는 방식으로 과정을 구성하는 회사도 있다. 회사마다 추구하는 인재상이 다르기 때문인 것으로 보인다. 성과가 좋은 경우 실무수습기간이 끝난 뒤 별도로 인터뷰 과정을 거쳐 컨펌을 받는다. 실제로 서울대학교 법학전문대학원 학생들의 경우 1/3정도의 학생이 매우 빠르게는 1학년 여름방학부터 늦게는 3학년 여름방학까지 재학 중 컨펌을 받는다.

로펌의 경우 채용을 전제로 한 선발의 과정이기 때문에 채용담당 변호사의 지도 아래 간략화된 사건기록을 바탕으로 소장과 답변서, 의견서 등의 법률서면을 작성하는 법을 배우고, 그에 대해 피드백을 받게 된다.

④ 헌법재판소

헌법재판소의 실무수습과정은 기본적으로 헌법교육에 초점이 맞춰져 있다. 학생들은 실무수습에서 헌법재판연구원의 강의를 듣고, 실제 사건기록을 접하게 되며 헌법재판 청구서나 의견서, 연구보고서를 작성해 볼 기회를 제공받는다. 그 외 헌법재판소의 업무와 관련되어 재판관과의 대화 시간 및 모의재판 등 다양한 체험을 통해 헌법재판소 및 헌법재판소에 대한 이해를 높일 수 있다.

대회준비

서울대학교 법학전문대학원 학생들은 수업 듣고, 자습하는 것 외에 대회에 참가하기도 한다. 법학전문대학원 체제가 안정화되면서 점차 법학전문대학원생을 대상으로 하는 대회가 많이 생겨났다. 최근에는 기본법인 민사법, 형사법뿐만 아니라 특허법, 회사법 등 다양한 법 분야를 대상으로 하는 대회들이 생겨나면서 점차 대회에 참여하는 학생의 수가 늘어나는 추세에 있다.

주로 어떤 대회에 참가하나?

대회명	주최	수상혜택
가인 법정변론 경연대회	대법원	우승(민사 및 형사 각 가인상, 각 500만 원) 준우승(후원기관장상, 민사: 대한변호사협회장상 / 형사: 법학전문대학원협의회 이사장상, 각 400만 원) 3~6: 법률신문사장상, 자유상, 평등상, 정의상 각 300만 원 개인 최우수상: 상금 각 300만 원 ※본선을 통과해 결선에 진출한 자에게는 법원실무수습 심화과정에 선발될 수 있도록 적극 추천
특허 소송변론 경연대회	특허법원	특허법원장상(2팀, 특허부분, 상표부분, 각 300만 원) 특허청장상(2팀, 특허부분, 상표부분, 각 300만 원) 법학전문대학원협의회이사장상(1팀, 특허부분, 200만 원) 한국발명진흥회장상(1팀, 특허부분, 200만 원) 장려상(4팀: 특허부분, 100만 원/2팀: 상표부분, 100만 원) ※ 수상자들은 2학년 겨울방학 때 특허법원 실무수습 심화과정에 참가가능

국민행복 법령만들기 대회	법무부	최우수상(1팀, 법무부장관상, 500만 원), 우수상(1팀, 300만 원), 장려상(2팀, 200만 원) ※ 법무부는 제출된 법령안 등에 대해 필요한 경우 참가자와 협의 후 법령 입안 등 공익 목적으로 활 용할 예정이라고 함
모의 콘텐츠분쟁 조정대회	한국콘텐츠 진흥원, 콘텐츠분쟁조정 위원회	공정상(1팀, 문화체육관광부 장관상, 300만 원) 화해상(1팀, 한국콘텐츠진흥원 원장상, 200만 원) 신뢰상(2팀, 콘텐츠분쟁조정위원회 위원장상, 각 100만 원) ※콘텐츠분쟁조정위원회 전문연수 기회 제공, 향 후 법조인 자격 취득 시, 콘텐츠분쟁조정위원회 및 한국콘텐츠진흥원의 각종 자문위원활동에 우선적 기회 부여
모의 헌법재판 경연대회	헌법재판연구원, 한국공법학회, 한국헌법학회	단체상: 대상(1팀, 헌법재판소장상), 금상 1팀·은상 2팀·동상 4팀 개인상 : 우수변론상 1명 ※참가팀에 소정의 기념품 지급, 헌법재판연구원 실무수습 기회 우선 제공
기업법 모의재판 대회	전국경제인 연합회	대상(1팀, 전국경제인연합회장상, 500만 원) 최우수상(1팀, 대한변호사협회장상, 300만 원) 우수상(1팀, 법학전문대학원협회장상, 200만 원) 장려상(3팀, 한국경제법학회장상, 한국기업학회장 상, 한국상사판례학회장상, 각 100만 원)
국제법 모의 재판대회	외교부	최우수상(1팀, 외교부장관표창) 우수상(1팀, 외교부장관표창) 최우수변론상(1명, 외교부장관표창) ※ 수상자들에게는 소정의 상금이 지급됨
Jessup 국제법 모의 재판	(사)대한국제법 학회(국내대회), ILSA(국제대회)	우승(1팀, 상장, 500만 원) 준우승팀(1팀, 상장, 100만 원) Best Oralist 상(1인), Outstanding Oralist 상(2인) ※Jessup 국내대회에서 우승한 팀에게 Wash- ington D.C.에서 개최되는 Jessup International Round에 참가할 자격부여

모의 국제상사 중재대회	서울대학교 법학전문대학원, (사)대한상사 중재원, (사)국제중재 실무회	산업통상자원부장관상(1팀, 트로피, 상장) 대한변호사협회장상(1팀, 트로피, 상장) 대한상사중재원장상(1팀, 트로피, 상장) 서울대 법학전문대학원장상(1팀, 트로피, 상장)
국제모의 인권재판 대회	한국인권재단, 서강대학교 법학 전문대학원	법무부장관상(1팀) 한국인권재단장상,서강대학교 법학전문대학원장상(각 1팀) ※국내 또는 국제인권연수경비 일부 지원

왜 대회에 나가려고 할까?

학생들은 대회를 기회삼아 평소 관심이 있었던 법 분야를 탐구하고자 한다. 대회에 나가는 이유로 특허소송변론경연대회에 참가했던 A는 "지적재산권 분야에서 변론대회가 열린다는 사실이 반갑기도 하고, 앞으로 지적재산전문 변호사로서 성장하는 데 중요한 경험이 되지 않을까 하는 기대 때문"이라고 밝혔다.

국제모의인권재판대회에 나갔던 B는 "인권 관련 국제규범이 뉴스에서 인용되는 것을 들으며 막연하게만 관심을 갖고 있었는데 이를 재판규범으로 하는 모의재판대회가 열린다니 배움과 흥미 모두 잡을 수 있는 좋은 기회인 것 같아서"라고 참가이유를 밝혔다. Jessup 국제법 모의재판대회에 참가했던 C는 "일반적인 로스쿨 공부를 떠나 저 자신만의 특기와 능력을 개발할 수 있는 좋은 기회라 여겨져서 선택하게 되었다"고 한다.

또 대회에서 수상을 하면 상금 등 여러 혜택이 주어진다. 가인법정변론대회에 참가했던 D는 "상금이 제법 커서 수상을 했다는 기쁨이 더 컸다"

고 한다. 상금 외에도 수상을 한 팀에게는 주최기관에서의 실무수습기회가 주어지거나, 해외연수를 보내주는 등 다양한 혜택을 제공하고 있다.

부수적으로, 대회에 나가서 수상을 하면, 대회에 제출했던 원고를 실적심사에 실적물로 제출할 수 있다. 서울대학교 법학전문대학원 학생들은 졸업을 하기 위해서 두 가지 조건을 만족해야 한다.

첫째, 3번에 걸친 법학전문대학원협의회 주최 모의고사에서 모든 과목을 1회 이상 과락을 면해야 한다. 둘째, 소논문과 같은 실적물을 제출해 심사를 받아야 한다. 3학년이 되어서 실적물을 작성하려면 학업부담이 크다. 이 때문에 대회에 나가서 수상만 하면, 대회에 나간 경험과 수상혜택에 더해 실적심사도 통과할 수 있어서 일석삼조의 효과를 노릴 수 있게 된다.

얼마나 준비하나?

대회 서면을 제출해야 하는 1차 예선이 학기 중에 있는 경우에는 차분하게 시간을 두고 준비하기보다는 중간고사나 기말고사가 끝난 다음 주처럼 수업진도를 따라가기에 부담이 없는 시기를 노려 일주일간 바짝 준비하는 경우가 많다. 반면 방학에 1차 심사가 이루어지는 경우에는 학기 중에 짬짬이 스터디를 진행하다가 대회 전, 한 달을 투자하기도 한다. 또, Jessup 국제법 모의재판대회와 같이 국제대회 참가를 목표로 하는 경우에는 1년 동안 방학시간을 이용해 매주 세미나를 열어 대비하고, 국내대회(예선전) 전 2달 동안 매주 세 번 이상씩 모여 준비 한다.

채용에는 영향이 있나?

대회를 준비하면서 관련 법 공부를 충실히 하게 되는 이점이 있다. 이러한 대회경험을 소재로 삼아 풍부한 자기소개서를 작성할 수 있다는 점, 이력서에 대회수상내역을 기재할 수 있다. 그러나 대회에서 수상을 하였다는 점이 곧바로 채용으로 이어지지는 않는다.

이러한 대회경험을 소재로 삼아 풍부한 자기소개서를 작성할 수 있다는 점, 이력서에 대회수상내역을 기재할 수 있다. 그러나 대회에서 수상을 하였다는 점이 곧바로 채용으로 이어지지는 않는다.

예를 들어 대법원이 주최한 가인법정변론대회의 경우 "본선을 통과해 결선에 진출한 자에게는 법원실무수습 심화과정에 선발될 수 있도록 적극 추천"하는 데 그칠 뿐이다(법원 실무수습 심화과정에서의 성과는 사실상 로클럭 선발시험과 무관하다는 점은 이미 앞에서 살펴보았다).

그럼에도 불구하고, 학회활동과 마찬가지로 지원자가 해당 분야에 관심이 있다는 점, 대회에 나가서 수상을 할 정도의 역량이 있다는 점을 나타낼 수 있으므로 다른 지원자에 비해 차별화를 시도할 수는 있을 것이다.

CHAPTER 04

변호사시험 준비

서울대학교 법학전문대학원 학생들은 3학년이 되어서야 본격적으로 변호사시험 준비에 돌입한다. 물론 그 이전에도 소위 변시과목이라 하여 변호사시험에 출제되는 부분을 가르치는 과목들을 수강한다. 그러나 학내 학점 외에 변호사시험만을 위해서 공부를 시작하는 것은 3학년 1학기부터다. 이때부터는 그동안 쌓아 올린 공부를 정리하고 모자란 부분을 채우고 다시 반복하는 과정을 거친다.

무엇을 테스트하나

변호사시험은 매해 1월 둘째 주 즈음에 실시된다. 시험 과목은 공법(헌법 및 행정법 분야), 민사법(민법, 상법 및 민사소송법 분야), 형사법(형법 및 형사소송법 분야), 전문적 법률 분야에 관한 과목으로서 국제법, 국제거래법, 노동법, 조세법, 지적재산권법, 경제법, 환경법 중 1과목이다. 선택과목의 경우 해마다 약간의 변동은 있으나 가장 많이 응시하는 과목은 국제거래법이다.

전문적 법률 분야에 관한 과목과 그 출제범위 (법무부공고 제2014 - 206호)

과목	출 제 범 위
국제법	국제경제법을 포함한다.
국제거래법	「국제사법」과 「국제물품매매계약에 관한 유엔협약」으로 한다.
노동법	사회보장법 중 「산업재해보상보험법」을 포함한다.
조세법	「국세기본법」, 「소득세법」, 「법인세법」 및 「부가가치세법」으로 한다.
지적재산권법	「특허법」, 「실용신안법」, 「디자인보호법」, 「상표법」 및 「저작권법」으로 한다.
경제법	「소비자기본법」, 「전자상거래 등에서의 소비자 보호에 관한 법률」, 「독점규제 및 공정거래에 관한 법률」, 「약관의 규제에 관한 법률」, 「할부거래에 관한 법률」 및 「방문판매 등에 관한 법률」로 한다.
환경법	「환경정책기본법」, 「환경영향평가법」, 「대기환경보전법」, 「수질 및 수생태계 보전에 관한 법률」, 「폐기물관리법」, 「토양환경보전법」, 「자연환경보전법」, 「소음·진동관리법」 및 「환경분쟁조정법」으로 한다.

한편, 서울대학교 법학전문대학원의 경우는 국제거래법과 환경법에 비슷한 인원이 응시한다. 이는 환경법 과목의 수강인원이 2013년에 8명, 2014년에 12명에 그친 것에 비하면 매우 많은 숫자다. 변호사시험을 위한 환경법과목이 매해 개설되는 것이 아님에도 불구하고 평소 민법과 행

정법 공부를 한 기반 위에 개인적으로 인터넷강의나 기출문제풀이를 통해 충분히 해당 내용을 소화할 수 있다는 선배들의 조언이 반영된 것으로 보인다.

또 경제법 및 노동법을 선택하는 학생의 수도 적지 않은데 특히 경제법의 경우 얼리컨펌이 된 학생들이 입사 뒤 업무수행능력을 기르면서 변호사시험 준비를 병행할 수 있다는 것이 이점이라고 한다. 조세법의 경우에는 회계사 자격증이 있는 학생들이 주로 선택한다.

시험운영은 어떻게?

변호사시험은 5일 동안 치르게 되는데 사흘째 되는 날 휴식일이 포함되어 있다. 둘째 날까지 공법 및 형사법을 치르고 나면 민법, 상법, 민사소송법 등 넓은 범위를 소화해야 하는 민사법 시험을 치러야 하기 때문이다. 시험은 공법 및 형사법의 경우에는 선택형 40문항, 사례형 2문항, 기록형을 하루에 평가하는 방식으로 치러진다. 민사법은 선택형 70문항, 사례형 3문항, 기록형을 평가하며 선택형과 기록형을 나흘째 되는 날 평가하고 마지막 날 사례형 및 선택과목의 사례형 평가를 진행한다.

시험일자별 시험시간 및 시험과목(법무부공고 제2014 - 263호 참조)

시험일자	시험시간 및 시험과목					입실시간
	시험과목	오 전		오 후		
		시간	문형(배점)	시간	문형(배점)	
첫날(월)	공법	10:00~11:10	선택형(100점) 40문항	13:30~15:30	사례형(200점)	• 오전시험 : 09:25 • 오후시험 : 시험시작 35분 전 ※ 시험실개방 08:00
				17:00~19:00	기록형(100점)	
둘째 날(화)	형사법	10:00~11:10	선택형(100점) 40문항	13:30~15:30	사례형(200점)	
				17:00~19:00	기록형(100점)	
휴식일(수)	휴식일					
셋째 날(목)	민사법	10:00~12:00	선택형(175점) 70문항	14:30~17:30	기록형(175점)	
넷째 날(금)	민사법· 전문적법률 분야에 관한 과목(택1)	10:00~13:30	민사법 사례형(350점)	16:00~18:00	전문적법률 분야에 관한 과목(택1) 사례형(160점)	

준비는 어떻게?

서울대학교 법학전문대학생들의 변호사시험 준비는 3학년에 돌입하면서 본격적으로 시작된다. 2학년 겨울방학까지는 실무실습 등에 참여하는 학생이 많기 때문이다.

변호사시험은 객관식, 사례형, 기록형 모두를 한꺼번에 평가하기 때문에 각각의 유형에 따라 주로 강조되는 법적 쟁점이 다르다. 객관식은 넓게 작은 쟁점도 놓치지 않고 숙지해야 하고, 사례형은 한 가지 주제에 대한 다양한 법적 쟁점들을 경우의 수를 넓혀 생각할 수 있도록 깊게 공부해야 한다. 기록형은 기술적인 부분이 훈련이 되어 있어야 한다. 따라서 변호사시험을 준비하는 학생은 '넓게'와 '깊게'의 그 언저리에서 나름의 완급조절을 해가며 공부를 해낸다.

스터디그룹 만들기

3학년 1학기가 시작되면 학생들이 저마다 스터디그룹을 결성한다. 지난 2년을 함께 보내면서 공부스타일이 비슷하고, 서로 매일 밥을 먹더라도 불편하지 않을 것 같은 사람들이 삼삼오오 모이게 되는 것이다. 각 스터디그룹을 중심으로 밥모임이 결성되고 그 밥모임을 중심으로 함께 공부를 하게 된다.

수업 따라가기

3학년은 소위 '변호사시험대비 과목'으로 불리는 실무연습과목을 주로 수강한다. '실무가' 출신의 교수들이 담당하는 수업으로 해당 법의 전 범위를 다룬다. 더불어 변호사시험 유형에 맞게 사례형, 기록형에 대한 대비를 목적으로 하므로 연습문제 풀이가 주를 이룬다.

예를 들어 1학기에 개설되는 민사법실무연습의 경우 민법 및 민사소송법, 민사절차법 전 범위를 아우르며 수업을 진행한다. 여기에 더해서 변호사시험 유형에 맞추어 사례형과 기록형 문제에 대한 적응력을 높이기 위해 연습문제를 제공한다. 연습문제를 기준으로 수업이 빠르게 진행되기 때문에 학생들은 미리 연습문제를 풀어보고 모범답안을 꼼꼼하게 연구한 뒤 수업을 듣는다. 그렇지 않은 경우 난이도 높은 수업을 따라가기가 쉽지 않다.

① 1학기

민법을 잡아라

1학기는 '민법만 잡으면 된다'라는 말이 있을 정도로 서울대학교 법학전문대학원 학생들은 1학기에 '민법'을 주력해서 공부한다. 커리큘럼상 1학기에 민사법실무연습, 민사재판실무 두 과목이 모두 개설되기 때문이다. 두 과목 모두 각 3시간~4시간씩 걸리는 수업인데, 다루는 범위가 넓고 어렵다. 학생들은 스터디를 중심으로 수업에서 제공되는 연습문제를 풀어보고 모범답안을 함께 공부하고 복습하기도 하고, 모여서 답안을 작성하기도 한다. 민사소송법을 자세히 다루지는 않기 때문에 별도로 인터넷강의를 들으며 보충하는 학생도 있다.

공법도 공부하자

민법공부로도 정신이 없지만, 그래도 변호사시험을 민법만 치는 것은

아니기 때문에 공법분야 중 헌법의 경우 '헌법실무연습'
이라는 강좌를 대부분의 학생이 수강한다. 헌법실무연습
은 공법기록형 중 헌법 분야를 대비하기 위한 수업이다.
학생들은 헌법 판례를 익히고, 헌법소송을 제기하기 위
한 조건들에 대해서 배운다. 또 사실관계와 제시된 법조
문에서 소송거리가 될 것 같은 부분을 찾아내어 헌법 원
칙들에 비추어 논증을 해본다. 헌법과목은 헌법재판소 결정례가 매우 중
요하기 때문에 학생들은 수업의 진도와 별개로 헌법판례집을 읽는 경우
가 많다.

1학기는 '민법만 잡으면 된다'라
는 말이 있을 정도로 서울대학교
법학전문대학원 학생들은 1학기
에 '민법'을 주력해서 공부한다.
커리큘럼상 1학기에 민사법실무
연습, 민사재판실무 두 과목이
모두 개설되기 때문이다.

　행정법의 경우, 행정법각론에 해당하는 행정절차법과 행정소송법에
해당하는 행정구제법이 개설된다. 그렇지만 해당 과목들의 경우 2학기에
행정법실무연습이라는 과목이 행정법 및 행정소송법 전 범위를 다루게
되기 때문에 수험 전략적으로는 다른 과목에 시간을 할애하는 게 낫다.
단, 해당 수업들을 듣지 않는다면 방학시간을 이용해 인터넷강의로 행정
법 전 범위를 훑어보는 쪽을 추천한다. 커리큘럼상 서울대학교 법학전문
대학원 학생들은 1학년 이후로 행정법 공부를 한 적이 없는 경우가 많아
서 불안감 해소가 필요하기 때문이다.

② 여름방학

여름방학은 부족한 과목 중 일부를 채워나가는 시기이다. 1학기에 상

대적으로 소홀했던 형법, 행정절차법과 행정구제법을 수강하지 않은 학생에게는 행정법, 학교에서 개설되지 않는 선택법을 선택한 학생에게는 해당과목 등을 인터넷강의와 스터디, 자습으로 채워나가는 시간이다.

또 한편으로는 계절학기로 개설하는 종합실무연습을 통해 정해진 시간에 맞추어 사례형 답안을 작성하는 연습을 한다. 전 범위를 대상으로 하는 해당 과목을 통해 학생들은 '잘 모르는 내용이어도 어쨌거나 답안지를 채워서 제출'하는 스킬을 익히게 된다. 이러한 스킬은 향후 변호사시험에서 매우 중요하다. 백지로 제출하는 경우 0점이지만, 백지가 아니라 무슨 말이라도 쓰면 0점은 면할 수 있고 그 작은 점수들이 모여 합격선을 넘을 수도 있기 때문이다.

여름방학은 한편으로는 로클럭과 검사를 준비하는 학생들과 사내변호사 및 아직 채용절차가 마무리되지 않은 중대형 로펌을 지망하는 학생들에게는 마음이 심란한 시기이다. 변호사시험준비에 매진하기보다 로클럭시험, 검사시험, 사내변호사 및 중대형 로펌지망의 경우는 실무수습프로그램 참여 등 다른 활동에 더 많은 에너지를 투입해야 하기 때문이다.

③ 2학기

2학기에는 소위 '실연시리즈'를 듣는다. 이는 상사법실무연습, 형사법실무연습, 행정법실무연습 세 과목을 이르는 말이다. 2학기의 실무연습 과목들은 강의 중심이라기보다는 실제로 학생이 답안을 작성하는 것을 중심에 두고 수업이 진행된다. 일주일 두 번 수업이라면 하루는 쓰고 하루는 강평을 하고, 일주일에 하루 수업이라면 한 시간은 쓰고 나머지 시간은 강의와 강평을 하는 식이다. 2학기는 변호사시험만을 위한 공부를 하도록 도와주기 위해서 평소보다 2~3주 일찍 기말고사를 치른다.

모의고사

모의고사는 법학전문대학원협의회에서 주최한다. 6월, 8월, 10월에 시행된다. 서울대학교 법학전문대학원의 경우 해당 모의고사 세 번 중 한 번 이상 각 과목의 과락(상대평가 40%)을 면하는 것이 졸업요건에 포함되어서 적어도 1회 이상 모의고사에 응시해야 한다. 시험은 변호사시험과 유사하게 진행된다. 성적표는 모의고사를 친 뒤 한 달 정도 뒤에 나온다.

선택형은 법학전문대학원협의회에서 일괄 채점하기 때문에 전국 평균 점수를 알 수 있다. 사례형 및 기록형의 경우에는 각 대학의 교수진이 채점을 한다. 사례형과 기록형 성적은 교내에서 나의 위치가 어느 정도인지를 가늠하는 지표 정도로 활용가능하다.

1, 2기 때는 모의고사 참여여부가 자율이었다. 그 때문인지 참여도가 낮고, 변호사시험 준비를 시작하는 시기가 늦다는 지적이 있었다. 3기부터 변호사시험 준비시작 시기를 앞당기고 실전경험을 쌓게 하기 위해서 졸업요건에 포함되었다.

모의고사에 응시할 경우 장점은 실전연습을 할 수 있다는 점이다. 모르는 주제가 나와도 법전을 뒤져서라도 답안지에 내용을 적어 넣는 연습을 하게 된다. 단점은 일주일을 시험 치는 데 투자해야 한다는 점이다.

모의고사에 응시할 경우 장점은 실전연습을 할 수 있다는 점이다. 모르는 주제가 나와도 법전을 뒤져서라도 답안지에 내용을 적어 넣는 연습을 하게 된다. 단점은 일주일을 시험 치는데 투자해야 한다는 점이다. 시험을 친다는 것은 이미 아는 것을 테스트하는 것이지 새로운 것을 알게 되는 것이 아니기 때문에 '자기 공부'를 할 시간이 부족해 초조해질 수 있다. 선배들의 '시험 치느라 공부를 못했다'는 말을 이해하게 되는 것이다.

변호사시험 한 달 전부터 변호사시험 전 날까지

변호사시험이 한 달 앞으로 다가오면 학생들은 저마다 공부하기에 편한 장소를 찾아 떠난다. 익숙한 공간에서 변화 없이 꾸준히 하고 싶은 학생은 지난 3년간 공부한 학교의 법오, 서암, 중도 등을 고수한다. 먼 거리 통학을 해야 했던 학생들은 등교시간을 줄이기 위해서 집이나 집 근처 독서실을 이용하기도 한다.

변호사시험 한 달 전 전략은 학생들마다 각양각색이다. 문제풀기를 멈추고 기본서를 여러 번 읽는 학생이 있는가 하면, 문제를 풀면서 실전대비를 하는 학생, 부족한 부분을 인터넷강의로 채우는 학생 등 다양하다. 또 한 주에 한 과목을 보는 학생이 있는가 하면, 여러 과목을 매일 조금씩 시간을 쪼개서 보는 학생들도 있다. 법학전문대학원에서의 3년을 충실히 보냈다면, 이 시기에 전 과목의 전 범위를 중요한 부분을 중심으로 훑어볼 수가 있다.

생각보다 한 달은 정말 빨리 지나간다.

Part

5

Where
졸업하면
어디로 가나?

재판연구원의 업무 내용은 소속된 재판부의 부장판사의 스타일에 따라 천차만별이다. 보편적으로는 변론이 종결된 사건에 대해 검토보고서를 작성하거나 판결문 초안을 작성하는 업무를 맡는다. 재판부에서 2년 이상 계류 중인 사건을 장기미제 사건이라 하는데, 이러한 사건은 검토할 쟁점이 많거나 심도 있는 리서치가 필요한 사건이다. 이와 같이 깊은 검토가 필요한 사건에 대해 객관적인 입장에서 보고서를 작성하는 것이 재판연구원의 주된 업무라고 볼 수 있다.

CHAPTER 01

로클럭

채용절차

재판연구원은 법원에서 법관을 도와 심리 및 재판에 관한 조사 연구 등의 업무를 하는 법률전문가를 말한다. 재판연구원 제도는 영미의 로클럭(law clerk) 제도를 본떠서 만들어졌다. 법원조직법 제53조의2에 따라, 법학전문대학원을 졸업하고 변호사 시험에 합격하여 변호사 자격이 있는 이들 중(2017년까지는 사법시험에 합격하여 사법연수원을 수료한 자 포함) 일부를 전문임기제 공무원으로 일괄 채용한 다음, 각급 법원에 배치하고 있다. 현행 법원조직법상 재판연구원의 정원은 200명이고, 최대 2년간 근무할 수 있으며, 통상 매년 100명씩 선발하고 있다.

재판연구원 임용과정은 법학전문대학원 출신이냐, 사법연수원 출신이냐에 따라 다른 절차로 진행된다. 법학전문대학원의 경우, 크게 서류전형, 필기전형, 면접전형으로 이루어져 있고 필기와 면접은 민사/형사 과목으로 구성되어 있다(사법연수원생의 경우, 별도의 필기시험을 치르지 않음). 매년 7월 말경부터 11월 초에 걸쳐 임용 절차가 진행된다.

서류전형

지원서류 제출공고는 7월 중순 즈음에 대법원 공식홈페이지(http://www.scourt.go.kr)에 게시된다. 지원자는 서울·대전·대구·부산·광주고등법원 각 홈페이지 '소식-새소식-재판연구원 신규 임용 계획'란에서 인터넷으로 지원서 서식을 다운로드 받아야 하는데, 이때 교부기간 내에 위 서식을 다운로드받은 지원자만 지원서를 접수할 수 있다.

재판연구원은 지역별로 선발하기 때문에, 근무하고자 하는 지역의 법원을 관할하는 고등법원 홈페이지에 지원서를 제출해야 한다(인터넷 업로드 및 방문제출). 예를 들어 대전 지역의 법원에서 근무하기를 희망한다면, 관할 고등법원인 대전고등법원에 지원서를 제출해야 한다.

재판연구원은 지역별로 선발하기 때문에, 근무하고자 하는 지역의 법원을 관할하는 고등법원 홈페이지에 지원서를 제출해야 한다(인터넷 업로드 및 방문제출). 예를 들어 대전 지역의 법원에서 근무하기를 희망한다면, 관할 고등법원인 대전고등법원에 지원서를 제출해야 한다.

제출서류로는 지원서, 이력서, 자기소개서, 성적표, 재학증명서, 학부 졸업증명서 등이 있다. 서류전형 합격자는 9월경 발표되며, 합격자에 한하여 필기시험에 응시할 수 있다.

필기시험

필기시험은 9월 중순경 사법연수원에서 진행된다. 1교시 형사, 2교시 민사, 3교시 적성검사시험으로 이루어진다.

형사는 기록을 보고 검토보고서를 작성하는 문제가 출제된다. 기록형 문제로 크게 1문제가 출제되며 오전 9시 30분부터 오후 1시까지 2시간 30분 동안 시험이 치러진다. 형사재판실무 과목에서의 시험과 유사한 유형이다. 민사는 사례형으로 4~5문제(배점 55점)와 기록을 보고 검토보고서를 작성하는 문제(배점45점)가 출제되며, 시험시간은 1시 30분부터 4시 30분까지 총 3시간이다. 마지막으로 5시부터 6시 30분까지 1시간 30분 동안 진행되는 인성검사는 간단한 설문들로 직관적으로 예/아니오를 고르는 유형의 문제이다.

하루 종일 시험이 진행되므로 체력적으로 부담이 되며, 점심은 따로 제공되지 않기 때문에 도시락을 준비해야 한다.

면접시험

10월 말경 이메일을 통해 면접전형 대상자가 발표되고, 11월 초에 면접이 진행된다. 면접은 자신이 지원한 고등법원에서 진행되며, 크게 지성면접과 인성면접으로 진행된다.

지성면접은 구술 형태의 사례형 민·형사 시험이라고 볼 수 있다. 지원자는 대기실에서 민사/형사 문제지와 법전, 필기도구를 받고 약 45분 동안 문제를 검토하고 답변을 준비할 시간을 가진다. 이후 면접실로 이동하여 3명의 면접관 앞에서 20분 동안 문제의 답을 설명하고, 이에 대한 질문을 받는다.

지성면접이 끝나면 별도의 인성면접실로 이동하여 약 15분간 인성면접이 진행된다. 주로 자기소개서에 기재된 내용을 바탕으로 지원동기 등에 관한 질문이 이어진다.

결과발표

면접시험이 끝나면 약 일주일 후 최종 합격자가 발표된다.

해당 직업의 생활

재판연구원은 전국 지방법원 및 고등법원의 합의부 재판부에 배치된다. 재판연구원도 법원 공무원(전문계약직 나급)이기 때문에, 근무시간은 일반 공무원과 같이 9시 출근, 6시 퇴근이다. 하지만 실제로는 야근하는 날이 많기 때문에 퇴근시간은 무의미하다고 볼 수 있다.

통상적으로 여름에는 재판 휴정 기간, 겨울에는 인사이동 기간이 있어 이 시기에는 비교적 한가한 편이다. 다만, 구속일수가 정해져 있는 형사재판은 만기일이 되기 전에 판결이 선고되어야 하므로 위 기간에도 바쁜 편이다.

각 법원의 청사 사정에 따라 재판연구원실을 별도로 마련해두고 3~4

명의 재판연구원이 함께 연구원실을 사용하는 경우도 있고, 소속 재판부의 배석 판사실에서 함께 근무하는 경우도 있다. 업무 배당 등 주요 생활이 재판부 단위로 이루어지므로 판사실에서 함께 근무할 경우에는 다른 재판부 소속 연구원과 친하게 지낼 기회가 별로 없다.

보수는 연봉으로 약 4700만 원 정도이며, 각종 수당을 합한 월 실수령액(세금 제외)은 400만 원가량 된다.

주 업무내용

재판연구원의 업무 내용은 소속된 재판부의 부장판사의 스타일에 따라 천차만별이다. 보편적으로는 변론이 종결된 사건에 대해 검토보고서를 작성하거나 판결문 초안을 작성하는 업무를 맡는다. 재판부에서 2년 이상 계류 중인 사건을 장기미제 사건이라 하는데, 이러한 사건은 검토할 쟁점이 많거나 심도 있는 리서치가 필요한 사건이다. 이와 같이 깊은 검토가 필요한 사건에 대해 객관적인 입장에서 보고서를 작성하는 것이 재판연구원의 주된 업무라고 볼 수 있다.

재판부에 접수 후 변론기일이 잡힌 새로운 사건에 대해 신건검토보고서를 작성하는 업무를 맡기도 한다. 고등법원의 경우, 이미 1심에서 어느 정도 사건이 완결되었기 때문에 신건이라 할지라도 기록 자체가 방대하다. 1심 기록과 항소이유서를 검토하여 항소심에서 다루어질 쟁점, 향후 재판 진행 방향 등에 대해 신건검토보고서를 작성하게 된다. 또한, 화해

권고결정 초안, 석명준비명령 초안, 민사항고 사건 결정문 초안, 신건 메모 등을 작성하는 경우도 있다.

서면을 작성하는 일 외에도 재판을 참관하고, 검토한 사건에 대해 합의하는 과정에 참여하기도 한다(여기서의 '합의'란, 합의부 부장판사와 배석판사가 판결문을 작성하기 전, 사건의 결론과 주요 쟁점에 대해 논의하고 의견의 합치를 보는 과정을 뜻함).

업무 강도도 소속 재판부에 따라 다르기 때문에 일률적으로 말하기는 어렵긴 하지만 대부분의 연구원들이 일주일에 3번 이상은 야근하는 것으로 보인다.

이런 사람이라면 이 직업을!

기록을 검토하고, 관련 판례, 논문 등을 리서치하여 객관적인 입장에서 보고서를 작성하는 것이 주된 업무이니만큼, 깊이 탐구하는 것을 좋아하고 학구적인 스타일의 학생이 재판연구원 직업에 잘 어울릴 것으로 생각된다.

재판 연구원의 하루 들여다보기

출근길, 마음은 급한데 법원 앞 횡단보도 신호등은 아직도 빨간 불이다. 아~ 빨리빨리!

오늘은 목요일, 부장님께 '납품'을 해야 하는 날이다. '납품'이란 검토한 사건의 보고서를 부장님께 제출하는 일을 말한다. 소속 재판부마다 다르지만, 우리 부서에서는 연구원이 보고서를 납품하면서 부장님께 사건에 관한 사안 설명, 법적 쟁점, 그리고 검토 의견까지 발표하고, 부장님이 의문이 드는 부분을 질문하면 이에 대답하는 과정을 거쳐야 한다. 마치 청문회를 거치는 기분이라고나 할까? 어느 부분에서 어떤 질문이 날아올지 모르기 때문에 철저하게 준비해야 한나.

드디어 파란 불이 켜졌다. 법원 앞 횡단보도를 건너는데 같은 방 연구원 동료가 보인다. "A야~ 나 먼저 간다. 이따 봐. 오늘 납품이라서~" 아침 인사를 건넴과 동시에 작별 인사까지 한 번에 하고 일단 뛰어간다. 우리 법원에서는 재판연구원실이 별도로 마련되어 있어 연구원 4명이 한방을 사용한다. 매일 보고, 함께 일하고, 저녁도 같이 먹다 보니, 동갑인 A와는 절친한 사이가 되었다. 내 사정을 잘 아는 A는 뒤에서 외친다. "조심히 가~!"

연구실에 들어서자마자, 부랴부랴 컴퓨터를 켜고 어제 밤늦게까지 작성한 보고서들을 인쇄한다. 일주일에 통상 5~6건의 민사사건을 검토하는데, 이번 주에는 다소 어려운 사건이 포함되어 있어 4건 밖에 검토하지 못하였다. 부장님께 제출할 보고서는 1페이지에 1면씩 프린트하고, 내가 참고할 보고서는 양면지에 2면씩 프린트한다. 중요한 부분에는 형광펜을 오늘은 목요일, 부장님께 '납품'을 해야 하는 날이다. '납품'이란 검토한 사건의 보고서를 부장님께 제출하는 일을 말한다. 소속 재판부마다 다르지만, 우리 부서에서는 연구원이 보고서를 납품하면서 부장님께 사건에 관한 사안 설명, 법적 쟁점, 그리고 검토 의견까지 발표하고, 부장님이 의문이 드는 부분을 질문하면 이에 대답하는 과정을 거쳐야 한다.

칠해두고, 미리 브리핑할 내용을 중얼거려본다.

9시에 출근했는데 어느새 벌써 10시 30분이다. 부장님실에 들어가야 할 시간이 다가왔다. 보고서와 재판기록을 함께 가져가야 하는데, 기록의 두께가 상당하기 때문에(두꺼운 것은 약 30cm 가까이 된다), 마트용 카트는 필수품이다. 연구원 공용의 카트를 딸각딸각 끌고 와서, 보고서와 기록을 차곡차곡 쌓아 넣고, 마지막으로 옷매무새를 다듬는다.

똑똑! 노크를 하고 부장님실에 들어가니, 부장님이 미소를 살짝 지으며 "준비됐어요?"라고 말씀하신다. 그리곤 컴퓨터로 잔잔한 클래식 음악을 틀어주신다. 아마도 연구원의 긴장된 마음을 조금이라도 풀어주시려는 부장님의 따뜻한 배려이시리라. 카트를 끌고 들어와 가운데 마련된 테이블에 기록을 차곡차곡 다시 올려놓고, 부장님이 맞은편 소파에 앉으시면 나도 소파에 앉는다.

첫 번째 사건 기록을 앞에 끌어당겨 부장님께 보고서 한 부를 드리고 나도 보고서를 펼친다. "첫 번째 사건은 ○○○에 관한 사건입니다. 이 사건은 ~(업무상 기밀이라 이하 생략)."

브리핑을 마쳤다. 부장님께서 무슨 질문을 하실까 마음이 두근두근하다.

"여기 연구원이 리서치한 이 하급심 판결, 이거 사안이 꽤 비슷하네.

이거 상급심까지는 안 올라갔나?" 부장님 질문에 반자동으로 대답이 나
간다.

"네, 당사자들이 상소하지 않아서 그대로 확정되었습니다."

"어 그래. 리서치 잘 되어 있네. 주심 판사가 누구지? 아, OOO 판사님
께 이 보고서 가져다 드리게."

부장님의 말씀에 마음 한편으로 안도의 숨을 내리쉰다. 리서치가 잘
됐다는 칭찬까지 들으니 어깨가 으쓱하다.

이어진 두 번째 사건도 그럭저럭 잘 넘어갔다. 나는 항상 제일 어려운
사건을 마지막에 브리핑한다. 처음부터 어려운 사건을 하다 보면 기가 너
무 빨려서(?) 그 다음 사건을 브리핑할 힘이 남아있지 않기 때문이다. 역
시나 마지막 사건은 엄청난 질문 공세에 시달려야 했다. 그 중 일부 질
문에는 "네, 그 부분은 미처 생각해보지 못했습니다. 다시 보충하겠습니
다."라는 대답을 하면서 자괴감에 빠져들기도 했다. 아, 그 생각을 왜 못
했을까. 바보 바보~

이 모든 브리핑 과정을 거치면, 부장님께는 보고서만 드리고 나는 기
록을 챙겨 나온다. 주심 판사님께 제출할 보고서는 주심 판사님께 드리
고, 보충해서 살펴야 할 사건은 다시 살펴보는데, 모든 납품을 마친 목요
일 오후가 일주일 중에 가장 마음이 편하고 여유로운 시간이다. 금요일부
터는 다시 최소 하루에 한 건씩 기록을 검토하고 보고서를 작성해서 다시
다음 주 목요일에 있을 '납품'에 대비해야 한다. 재판부의 업무는 이렇게

일주일 단위로 진행된다.

　납품을 마치고 여유를 부리는 것도 잠시, 12시가 되면 옷을 차려입고 판사님실로 간다. 재판부 소속 부장판사님 1명, 배석 판사님 2명, 연구원인 나까지 4명은 매일 점심 식사를 함께 한다. 재판부마다 연구원과 함께 식사하는 빈도가 다른데, 보편적으로는 일주일에 2번 정도 요일을 정해놓고 함께 점심식사를 한다. 점심식사 분위기도 재판부마다 다르다. 부장님 스타일에 따라 근엄하고 조용한 분위기에서 식사를 하는 부서도 있고, 좀 더 화기애애한 분위기 속에서 식사를 하는 부서도 있다. 우리 부서는 연구원인 내가 재간둥이 역할을 한다. 우리 부서 판사님들은 법정에서는 한없이 근엄하고 존경스러운 법관이시지만, 사석에서는 따뜻하고 유머러스하시다. 웃고 이야기를 나누는 사이 식사가 끝났다. 법원 주위를 다 함께 한 바퀴 산책하고 각자의 자리로 돌아가면 오후 업무가 다시 시작된다.

　연구원실은 한없이 조용하다. '쓱~ 쓱~ 타닥타닥' 기록 넘기는 소리와 타자 소리만이 울려 퍼진다. 다들 맡은 사건에 몰입해서 고민하느라 시간 가는 줄 모른다. 어느덧 날이 저문다.

　대부분의 연구원들은 일주일에 3번 이상은 야근을 하게 된다. 그도 그럴 것이 기록을 상세히 검토하고 시간을 많이 들일수록 높은 퀄리티의 보고서를 완성할 수 있기 때문이다. 우리가 '사건'이라고 말하는 것은 단순한 '사건'이 아니라, 그 누구인가의 소중한 '인생'이 걸린 문제이지 않은

가. 하나라도 다시 보고, 더 많은 자료를 리서치하고, 한 치의 오류 없이 검토하는 것이 우리의 임무이다.

오늘도 어두운 밤에 연구원실을 나왔다. 추운 밤공기를 가르며 종종걸음으로 법원 건물을 나와 뒤돌아서서 건물을 올려다본다. "아~ 우리부 판사님들은 아직 야근하시네." 소속 재판부 판사님 사무실에 불이 환히 켜진 것을 쳐다보며, 먼저 퇴근하는 연구원은 왠지 모를 죄책감에 빠진다. 내일은 더 열심히 해야지… 다짐하며 오늘 하루를 마감한다.

CHAPTER 02

검사

채용절차

현 시점에서 법학전문대학원 학생이 공직으로 곧바로 진출할 수 있는 거의 유일한 방법은 '검사'가 되는 것이다.[33] 검사는 해당연도 사법연수원 수료예정자, 법무관 전역예정자, 법학전문대학원 졸업예정자가 신규임용 대상이다.

검사 임용과정은 서류전형 − 실무기록역량평가 − 면접시험(직무역량평가, 발표·표현역량평가, 토론·설득역량평가) − 최종면접(조직역량평가)의 단계로 이루어지며, 서류전형을 통과한 대상자에 대해서 기록시험을 실시

---

33) 판사의 경우, 법조일원화의 일환으로 일정한 기간의 변호사 경력이 있어야 지원 가능하도록 제도가 바뀌었기 때문이다.

하며, 기록시험을 통과한 대상자에 한해서 면접시험을 진행한다. 검찰은 매년 선발절차 및 평가요소를 조금씩 수정하고 있다.

서류전형

지원서류 제출공고는 7월 말 즈음에 법무부 홈페이지에 게시된다. 지원자는 인터넷으로 지원서를 작성하여 제출한 뒤 법무부에 방문하여 지원서류를 제출해야 한다.

지원자는 검사지원서, 가족관계등록부(기본·가족관계·혼인관계·입양관계·친양자입양관계 증명서를 해당사항이 없더라도 5종 모두), 병적증명서(남자만), 학력증명서(대학교 이상 학력에 대한 모든 증명서를 제출), 경력증명서(해당자만), 특수분야 자격증(해당자만), 외국어능력 증명서류(해당자만), 상훈증명서류(원본지참), 신원진술서(사진첨부한 것, 상세형 2종), 개인정보활용 동의서, 고등학교 생활기록부, 성적증명서, 자기소개서 등을 제출해야 한다.

이처럼 검사지원의 경우, 공무원이 될 자를 뽑는 것이기 때문에 지원서류가 복잡하고 제출해야 할 종류가 많다. 또한 다른 공공기관과의 중복지원을 금지한다. 그래서인지 '지원서류가 경쟁률을 낮춰준다'는 말이 있을 정도다.[34]

지원서류를 제출하고 나면 9월 즈음에 서류전형 통과자에게는 통과자 본인 휴대전화 등으로 개별 유선을 통해 합격 사실과 그 다음 전형에 대한 내용을 통보한다. 검사를 지망하는 학생들은 이미 2학년 실무수습 등

지원서류를 제출하고 나면 9월 즈음에 서류전형 통과자에게는 통과자 본인 휴대전화 등으로 개별 유선을 통해 합격 사실과 그 다음 전형에 대한 내용을 통보한다. 검사를 지망하는 학생들은 이미 2학년 실무수습 등에서 만난 타 학교 학생들과 모임을 형성하고 있는 경우가 많은데, 해당 커뮤니티를 통해 '합격 연락이 돌고 있다'는 정보를 얻을 수 있다.

에서 만난 타 학교 학생들과 모임을 형성하고 있는 경우가 많은데, 해당 커뮤니티를 통해 '합격 연락이 돌고 있다'는 정보를 얻을 수 있다. 이 때문에 서류를 제출한 학생들은 발표 날 긴장된 표정으로 핸드폰만 쳐다보고 있는 일이 벌어지기도 한다. 당일 전화가 오지 않더라도 혹시나 하는 마음을 가진 불합격자에게는 다음 날 이메일로 불합격 통보를 한다.

실무기록역량평가

서류전형 통과자 중 법학전문대학원 출신 지원자에 한해서 실무기록역량평가를 실시한다.

시험은 당일 아침부터 5시간 정도 동안 치러지며, 다양한 형법 및 형사소송법적 쟁점이 다루어진다. 지원자는 검찰실무과목 및 실무실습과정에서 배웠던 검토보고서를 작성하게 된다.

실무기록평가가 끝나면 점심시간 이후에 가벼운 마음으로 인성검사를 1시간 30분 동안 받게 된다. 기록시험의 여파로 지원자들은 우울감을 호소하지만, 인성검사에서 우울한 사람으로 보일 수는 없기 때문에 점심을 먹으면서 최대한 좋은 기분을 유지하려고 노력한다. 점심식사는 별도로 제공되지 않기 때문에 도시락을 준비해가야 한다.

---

34) 한편, 법무부는 검사지원 경쟁률을 발표하지 않고 있다. 그러나 로클럭의 2015년 신규 채용과정 경쟁률이 7:1이었던 것에 비하면 그보다는 높지 않을 것으로 보인다. 검찰의 경우 검찰실무1,2 성적 및 학교 성적 등을 바탕으로 한 검찰심화실무수습의 선발 등 순차적으로 지원인원을 줄여왔기 때문이다.

면접시험(직무역량평가, 발표·표현역량평가, 토론·설득역량평가)

지원자들은 기록시험을 치른 뒤 한 달 정도 후에 3단계에 걸친 면접시험을 보게 된다. 면접시험은 사법연수원생, 법무관, 법학전문대학원생 모두가 대상이 된다.

시험은 3일에 걸쳐 용인에 있는 법무연수원에서 치러진다. 직무역량평가는 1명씩 15분간 세 명의 평가위원이 제시하는 상황에 대해 지원자가 어떻게 해결해나갈 것인지를 답변하는 형식으로 치러진다. 발표·표현역량평가는 40분간 사례형 문제를 검토한 후 1명씩 15분산 문세에 대한 지원자의 입장을 설명하고 세 명의 평가위원에게 추가질문을 받는 형식으로 이루어진다. 토론·설득역량평가의 경우 특정 주제에 대해 40분간 검토한 뒤 6명이 한 조로 편성되어 찬·반입장을 지정받아 50분간 토론하게 된다.

위 전체 과정은 지원자의 자기소개서 등이 제시되지 않고 블라인드로 진행된다. 따라서 사법연수원생인지 법학전문대학원생인지 평가위원은 알 수 없고 지원자도 이에 대한 언급을 삼가야 한다.

최종면접(조직역량평가)

마지막 조직역량평가는 앞선 면접과정을 치른 뒤 3주~한 달 정도 이후에 이루어진다. 1명씩 10분간 이루어지며, 최종면접인 만큼 자기소개서와 성적증명서, 그 외 서류전형에서 제출했던 개인정보활용 동의서를 이용해 공공기관 등에서 검색 가능한 출입국정보, 의료기록 등이 활용된다.

결과발표

발표는 조직역량평가를 치른 후 2주 정도 내에 이루어진다. 그 사이 애매한 순위의 지원자를 상대로 추가 면접평가가 이루어지기도 한다. 합격발표는 서류전형 때와 마찬가지로 지원자 휴대전화로 개별유선을 통해 통보된다. 불합격자에게는 합격자에 대한 통보전화가 마무리된 이후에 메일로 불합격 통보를 한다.

해당 직업의 생활

검사는 임관 후 다음 인사 발령 시까지 약 10개월 동안 진천에 있는 법무연수원에서 검사의 직무와 관련된 교육을 받게 된다. 수사실무, 공판실무, 결정문작성실무, 조사실무 수업을 들으며, 그 외 선택과목, 교양과목 등을 이수하여 향후 유능한 검사로 활약할 수 있는 기반을 닦게 된다.

인사발령에 따라 일선청에 배치되면 그때부터 본격적으로 수사를 담당하게 된다. 근무시간은 공무원이므로 원칙적으로는 아침 9시~오후 6시이지만 보통 8시 정도에 출근을 마친다. 통상 한 달에 100건 정도를 소화하는 만큼 업무량이 많아 야근이 잦은 편이다. 주말에도 하루 정도는 출근을 한다. 검찰은 매 월말이 업무가 가장 많은데, 그 중에서도 12월 말은 가장 일이 많다. 이 때문에 겨울에는 휴가를 잘 다녀오지 않는 분위기라고 한다. 개인 방 및 집무실이 주어지고, 주로 피의자나 고소인 등 사건관계인을 상대하게 된다. 검사 개인이 조사부터 결정까지 모두 맡아

하는 독립적인 관청이지만, 부장 또는 차장까지 결재를 맡아야 하는 구조이다. 팀 업무는 상대적으로 드문 편이지만, 부장검사를 중심으로 부별로 매주 식사를 함께 하는 등 친목을 다지고 있다.

주 업무내용

1년차 검사의 경우 사기, 횡령, 배임, 폭력, 공무집행방해, 방화, 실화, 교통사고 사건 등 다양한 형사사건을 담당하게 된다. 연차가 쌓이면 건설, 부동산, 식품 분야 등 전문화된 영역을 전담하게 되기도 한다. 사건의 성격과 관계없이 기본적으로 경찰에서 보내온 기록을 검토하고, 피의자를 신문하며, 참고인의 진술을 듣고 피의자에 대해 불기소장, 공소장 등을 작성하는 것이 주된 업무이다. 업무 강도는 대체로 한 달에 100건 이상을 처리하기 때문에 매우 세다.

1년차 검사의 경우 사기, 횡령, 배임, 폭력, 공무집행방해, 방화, 실화, 교통사고 사건 등 다양한 형사사건을 담당하게 된다. 연차가 쌓이면 건설, 부동산, 식품 분야 등 전문화된 영역을 전담하게 되기도 한다. 사건의 성격과 관계없이 기본적으로 경찰에서 보내온 기록을 검토하고, 피의자를 신문하며, 참고인의 진술을 듣고 피의자에 대해 불기소장, 공소장 등을 작성하는 것이 주된 업무이다.

이런 사람이라면 이 직업을!

사회악을 바로 잡고 공익을 실현할 수 있는 일을 직업으로 갖고 싶은 사람, 범죄를 포착하여 법이라는 잣대를 적용하여 법의 심판대에 올리는 것에 보람을 느끼는 사람이라면, 검사의 능동적이고 적극적인 측면을 매력으로 느낄 수 있을 것이다.

검사의 하루 들여다보기

아침 7시, 머리가 복잡하다. 간밤에 기록을 열심히 읽어뒀는데, 고소인에 대해 뭔가 미심쩍은 기분이 든다. 오늘 고소인과 피의자 대질신문을 하기로 했으니, 자세히 물어보고 비교해봐야겠다라는 생각을 하며 집을 나선다. 출근길 자동차들이 가볍게 신호위반을 하는 것을 보며, 초임 검사 때 "저것도 인지해야 하는 거 아니야?"라고 골을 내던 게 기억이 나 피식 웃는다. 검찰청으로 향하는 사람들의 빠른 발걸음에 맞추어 나도 빠르게 걷는다. 청에서 마주치는 사람 모두에게 가볍게 인사를 한다. 오늘도 그렇게 하루가 시작되었다.

아침 9시, 부장님께 아침 인사 겸 하루 브리핑을 한다. 브리핑을 마치고 나니 부장검사님이 "오늘 다 같이 점심 먹기로 했지. 정한 데는 있어? 아직 안 정했으면 오늘은 일식이 왠지 좋을 것 같네. 우리 가던 데 있지?"라고 말씀하신다.

우리 부서는 일주일에 한 번 단체로 점심을 먹는데, 식사예약은 막내 검사인 내 몫이다. 내 방으로 돌아오니 수사관과 실무관이 출근해 있다. 오늘은 점심 이후에 대질신문을 하기로 했기 때문에 오전 중에 구속 수감되어 있는 피의자들의 신문을 모두 마쳐야 한다. 정해둔 순서대로 기록을 옮겨놓고, 오늘의 첫 번째 피의자에 대한 기록을 다시 점검한다. 공소를 제기하기 전 마지막으로 여죄에 대해 조금 더 추궁해보고 확인할 것들이 남아 있다. 피의자는 이미 유기징역을 살았던 전과가 있는 만큼 나중에 공판과정을 대비해 신문과정을 영상녹화하기로 했다. 분명 입건된 것들 말고 더 있을 것 같은데 이걸로 퉁 치려는 속셈이 뻔히 보인다. 머릿속이 복잡하다. 아차, 점심 예약을 해야 한다. 실무관에게 죄송하지만 우리 늘 가던 일식집 방을 좀 예약해달라고 부탁한다.

10시 반, 첫 번째 피의자가 도착했다. 줄에 묶여 있지만 뭔가 당당하게 걸어 들어온다. 그래, 당신 익숙하다 이거지? 영상녹화방실로 안내하고, 함께 온 간수에게 잠시 밖에서 기다려달라고 한다. 영상녹화실 컴퓨터를 켠다. 영상녹화를 하고 있다는 것을 알려주고 신문을 시작한다. 매번 피의자가 새로운 피해자에 대해서 물을 때마다 '기억난다, 그때 ~~게 했다'라고 말을 하는데, 항상 그 내용은 피해자의 진술과 다르다. 분명 다른 피해자가 더 있는 게 분명하다. 이렇게 물어보고 저렇게 물어봐도 피의자는 자기가 헷갈린 것이라고 발뺌을 한다. 별달리 증거가 없으니 일단은 이쯤에서 정리를 하는 수밖에 없다는 생각이 든다. 조서를 다 작성하고 인쇄해서 피의자에게 건네준다. 본인이 이야기한 것과 맞는지 확인하고, 지장을 찍도록 한다. 간수에게 이 피의자를 돌려보내라 하고, 실무관에게 다음 피의자를 데려오라고 연락해달라고 한다. 옆 자리의 수사관은 자꾸만 발뺌하는 피의자와 씨름 중이다.

11시, 두 번째 피의자가 도착했다. 피의자와 관련된 기록을 꺼내 신문을 시작하려 하는데 전화가 울린다. 다른 부서 선배 검사의 전화다. 받아 보니, 이 피의자가 다른 사람을 고소해서 고소인 신분이기도 한데, 오늘 대질신문에 들어가기 전 먼저 이야기를 해야겠다며 먼저 좀 데려가겠다고 하신다. 선배 검사님의 말씀이기도 하고, 점심시간도 다가오고 있으니 "네, 그렇게 하겠습니다" 하고는 간수에게 다른 방으로 데려가라고 말한다. 이 사건은 다른 날로 미루어야겠다.

시간이 조금 비는 틈을 타 첫 번째 피의자와 관련된 공소장을 작성한다. 이미 이 사건은 부장검사님과 조율이 끝났기 때문에 특별한 보고 없이 곧바로 작성한다. 공소장은 검사의 얼굴인 만큼 공들여 작성하고, 도장을 찍는다. 항상 이 도장을 찍을 때면 설명하기 어려운 기분이 든다. 재판을 담당할 검사를 위한 메모도 작성한다. 증거, 구형 등에 관련한 수사검사의 의견을 전달하는 메모이다.

12시, 점심시간이다. 수사관과 실무관에게 식사 맛있게 하시라고 한후, 얼른 복도로 나온다. 부장검사님 방 앞에 선배 검사님들과 함께 서 있으니 부장님이 나오신다. 예약한 식당으로 먼저 빨리 걸어가서 방에 앉는다. 나는 막내라 맨 문 앞 말석에 앉는다. 부장님의 말씀을 들으며 식사를 한다. 빠져든다… 아, 맛있어라….

오후 1시 30분, 대질신문을 위해서 고소인을 먼저 오라고 해두었다. 약간 늦는다고 하니 우선 고소장을 다시 꼼꼼하게 읽어보고 기록을 빠르게 훑어본다. 미심쩍었던 부분에 대해서도 생각을 정리한다. 고소인이 도착하고, 가볍게 근황을 물은 뒤 몇 가지를 확인한다. 2시에 피의자도 도착했다. 두 사람을 나란히 앉혀두고 이야기를 처음부터 다시 시작해본다. 서로 언성을 높여가며 요건과는 상관없는 두 사람 사이의 과거사들이 난무하는 속에서 법적인 문제를 찾아내야 한다. 일단 질문 몇 가지를 하며 대화를 주도해본 뒤 조서를 작성한다. 고소인도 피의자도 둘 다 억울해하는 상황에서 하소연이 끝나지를 않는다.

이제 전반적인 스토리를 확인했으니 한 사람씩, 고소인에게 먼저 질문을 던지며 조서를 작성한다. 옆에서 피의자가 자꾸 말을 하려고 한다. 기회를 줄 테니 잠시 조용히 있으라고 조언한다. 고소인은 나름으로 이야기를 이어나간다. 피의자는 자신에게 기회가 오자 조목조목 반박을 한다. 그렇게 주거니 받거니를 하다 보니 어느 새 오후시간이 전부 지나갔다. 실무관이 아까 다른 검사실에 보냈던 피의자의 신문이 끝났는데 다시 부를 거냐고 물어본다. 그냥 그 피의자는 내려 보내라고 하고, 이 대질신문이나 얼른 끝내야겠다는 생각이 머릿속을 가득 메운다.

조서를 마무리하고 피의자와 고소인에게 내용을 확인하고 마지막으로 하고 싶은 말을 각자 수기로 작성하게 한다. 조서가 두꺼워 접어서 각 페이지마다 도장 및 지장을 찍는 일도 번거롭지만 꼭 해야 하는 절차이다. 두 사람을 보내고 나니 저녁이다.

실무관에게 자장면을 주문해달라 부탁하고 낮에 검토하지 못했던 기록들을 훑어본다. 밤 9시, 실무관과 수사관은 퇴근하고 경찰에서 올라온 사건들 중 별도의 신문이 필요 없어 보이는 사건들 기준으로 처리해나가기 시작한다. 아까 낮에 실무관이 운반해온 신건들도 가득히 내 캐비닛에서 자리를 차지하고 있다. 어떻게 하면 속도가 빨라질까, 진실을 추구하는 검사로서 그러나 신속하게 수사를 진행하는 것, 그 두 가지는 언제나 힘이 든다. 어느새 자정이다.

CHAPTER **03**

로펌 변호사

채용절차

대형 로펌

대형 로펌의 경우 법학전문대학원생을 위한 채용절차와 사법연수원생, 법무관을 위한 채용절차가 별도로 마련되어 있다. 법학전문대학원생을 대상으로 하는 채용의 경우 1학년 겨울방학, 2학년 여름방학, 겨울방학까지 실무수습과정을 운영하여 해당 과정을 통해 지원자를 평가하고 과정을 마친 뒤 인터뷰를 통해 채용에 이르게 된다.[35] 조기에 우수한 인재를 선발하고자 하는 의지의 표시라 할 수 있겠다. 회사의 필요에 따라 매년 채용인원이 다르고, 실무수습 프로그램의 기간이 달라지기도 한다.

---

35) 실무수습선발과정의 경우 what챕터를 참고하면 좋다.

중대형, 소형 로펌

중대형 로펌의 경우 대형 로펌과 마찬가지로 법학전문대학원 재학생을 상대로 채용절차를 밟는 곳도 있지만, 상당수는 변호사시험이 끝난 이후부터 실무수습변호사로 선발하여 경쟁을 통해 일부만 정규직으로 전환하는 방식을 취하고 있다.[36] 일부의 경우 곧바로 정규직 변호사로 채용하는 경우도 있는데, 이 경우는 사법연수원생과 동일 조건에서 경쟁해야 하는 단점이 있다.

소형 로펌의 경우에는 각 회사의 필요에 따라 변호사 합격 이후 6개월간 실무연수를 받아야 하는 법학전문대학원 출신 변호사를 6개월 이후 정규직 전환을 조건으로 실무수습변호사로 채용하거나, 애초에 정규직으로 채용하거나, 아예 정규직전환을 약속하지 않는 경우 등 천차만별이다.

각 회사의 홈페이지나 대한변호사협회에서 운영하는 취업정보센터 홈페이지, 서울지방변호사회 홈페이지 등에 구인공고가 올라오면, 지원자들이 각 회사가 원하는 방식의 서류를 이메일로 제출하게 된다. 대개는 이력서, 자기소개서, 성적증명서 등이 제출해야 할 서류에 포함된다. 서류전형을 통과한 지원자에 한해서 인터뷰를 하고 회사에 적합한 인재를 채용한다.

---

36) 변호사시험합격자는 6개월의 법률종사기관에서 수습을 거쳐야

해당 직업의 생활

대형·중대형 로펌의 경우 업무의 세분화가 이루어져 있기 때문에 크게 주로 소송을 담당하는 '송무변호사'와 의뢰인에게 법적인 조언 및 검토사항을 제공하는 '자문변호사'로 나뉘어서 업무를 담당하게 된다. 전문직이기 때문에 출퇴근 시간은 자유로운 편이나, 회사마다 출근 시간을 일정하게 맞추기를 요구하는 경우도 있다. 또한 업무량이 많아 평일에는 거의 매일 야근을 하고, 주말에도 하루 이상 늦게까지 일하는 경우가 많아 퇴근시간은 의미가 없다고 보아도 무방하다.

송무를 많이 하는 변호사의 경우 설 연휴나 법원의 휴정기간이 있어서 적절하게 이 시기에 맞추어 휴가를 사용할 수 있지만, 자문을 하는 변호사의 경우에는 일과 휴식의 균형을 맞추기가 쉽지 않다. 송무변호사의 경우에도 법원이 쉴 때 같이 쉴 수 있다는 점을 제외하고는, 겨울 휴정기 직후인 3월부터 여름휴가 전까지와 여름 휴정기 직후인 9월부터 11월경까지가 매우 바쁘다. 한 달에 동시에 진행하는 사건이 40~60건 정도 되고, 많게는 80건 이상 수행하는 변호사도 있다고 한다.

개인 방이 주어지고, 비서가 업무를 보조해준다. 더불어 업무 관련 회의를 하는 회의실, 의뢰인 등 외부인과의 회의 공간 등이 회사에 별도로 마련되어 있다.

>>>

대형·중대형 로펌의 경우 업무의 세분화가 이루어져 있기 때문에 크게 주로 소송을 담당하는 '송무변호사'와 의뢰인에게 법적인 조언 및 검토사항을 제공하는 '자문변호사'로 나뉘어서 업무를 담당하게 된다. 전문직이기 때문에 출퇴근 시간은 자유로운 편이나, 회사마다 출근 시간을 일정하게 맞추기를 요구하는 경우도 있다.

주 업무내용

대형·중대형 로펌의 경우 입사 직후 신입변호사 오리엔테이션 및 매주 1회 교육프로그램이 진행되고, 각 전문분야별로 팀이 구성되어 수시로 세미나 등 내부학습 프로그램이 진행된다. 세부적인 내용은 도제식으로 배우게 되는 경우가 많지만 기본적인 내용이나 업무방식은 위와 같이 마련된 프로그램을 통해 익힐 수 있다. 한편, 소형 로펌의 경우에는 송무·자문변호사가 따로 나누어져 있지 않은 경우가 많다. 이 경우 업무는 주로 도제식으로 배우게 된다.

입사 후 2~3년 정도까지는 다양한 분야의 업무를 수행한다. 그 이후에는 송무와 자문 중 주력하게 되는 분야가 정해진다. 초반에는 민법 등 기본법은 물론이고, 법학전문대학원 재학 시절에는 접해보지 못했던 특별법을 다루는 일도 많다. 자문의 경우 회사법이나 금융 관련 법제 등 보다 전문적인 분야의 법령을 좀 더 일찍부터 접하게 되는 경향이 있다.

업무는 대체로 팀을 이루어 진행한다. 송무의 경우 기초자료를 확인하고 서면 초안을 작성하는 저년차 변호사, 이를 지도하는 수행 파트너 변호사, 사건을 수임하고 전반적인 소송 진행을 책임지는 수임 파트너 변호사의 단위로 구성되어 업무를 진행하는 경우가 많다. 큰 사건일수록 관여하는 변호사 수가 많아진다. 때로는 별도의 팀을 구성하여 진행하기도 한다.

자문의 경우에는 팀 프로젝트가 더욱 일상화되어 있다. 자문을 의뢰하는 고객은 주로 기업인 경우가 많고, 이들은 단지 법리해석에 따른 결론을 원하는 것이 아니라 문제점을 없애거나 줄이는 방안을 제시받기를 원하기 때문이다. 자문변호사는 이러한 고객의 필요를 능동적으로 파악하고 제반 법률서비스를 적기에 종합적·입체적으로 제공하기 위해 주로 팀으로 일을 한다. 구체적으로는 저년차 변호사 – 파트너변호사 등의 단계를 거쳐 법률의견서를 작성하거나, 계약서를 작성하고 검토하며, 협상에 참여하기도 하고 인허가 등을 받아내는 등의 업무를 담당한다.

이런 사람이라면 이 직업을!

대형 로펌 소속 변호사의 경우 업무강도가 매우 높아 회사 밖의 인간관계를 포기해야 하거나 가족들의 희생에 기대어 사는 경우도 많다. 체력적, 정신적 스트레스도 엄청나다. 특히 자문변호사의 시간불문 걸려오는 의뢰인의 전화와 급박한 데드라인에 시달려야 할 수도 있다. 송무변호사의 경우에는 계속 '싸워야' 되고 그래서 '이겨야' 되는 직업이다 보니 그 결과에 대한 부담감이 크다고 한다.

그럼에도 불구하고, 본인이 노력하는 만큼 성장할 수 있는 주체적이고 자유로운 회사 분위기, 제대로 일을 배울 수 있는 사내 시스템, 확실한 금전적 보상, 자신을 신뢰하는 의뢰인에게 좋은 결과가 나왔을 때 기쁨으로 이를 극복할 수 있는 학생이라면 로펌 변호사라는 직업이 어울릴 것이다.

더불어 법조계에는 '서울대학교 법과대학'이라는 간판 자체가 가지는 상징성이(과거보다는 약해졌지만) 아직도 존재한다는 것이 업계관계자의 말이다. 초반에 의뢰인에게 신뢰감을 주는 데에도 유리하다. 학교에서 맺은 동종 직업 종사자들과의 인연도 상당한 도움이 될 수 있을 것이다.

로펌변호사의 하루 들여다보기

아침이다. 오늘 새벽에 귀가했건만 그래도 똑같은 시간에 일어났다. 출근시간은 자유로운 편이라지만 우리 팀의 파트너변호사가 왜인지 아침 출석체크를 하는 느낌이다. 잠이 부족한 날은 하루 종일 능률도 나쁜데… 오늘은 부디 일찍 퇴근할 수 있었으면 좋겠다.

아침 8시 30분, 커피 한 잔을 들고 방에 들어선다. 컴퓨터를 켜고 아웃룩을 켜둔다. 9시에 파트너변호사의 주도로 아침 회의가 있다. 각자 분배받은 업무의 진행상황은 어떤지, 어제 파트너변호사에게 제출된 의견서와 서면들에 대한 피드백 등을 듣는다. 오후에 새로운 소송 건으로 의뢰인과 회의가 잡혀 있어서 대략의 방향에 대한 이야기도 나눈다.

방으로 돌아와서 보니 벌써 10시 30분이다. 아침에 사둔 커피는 어느새 식어 있다. 오늘 중으로 제출해야 하는 서면들이 많다. 커피 한 모금 들이키고 정신을 바짝 차린다. 오후에 작성할 서면들에 쓸 리서치를 해달라고 저년차 변호사에게 이메일을 쓴다.

11시 30분, 팀에서 진행하는 판례세미나가 있다. 준비된 샌드위치를 먹으며 최근 판례 경향에 대해 공부한다. 변호사라는 직업은 항상 공부하는 직업이다. 특히 판례를 소홀히 본다는 것은 있을 수 없다. 저년차일 때 실수로 서면에 중요한 판례를 빠트려 지적받았던 것을 생각하면 아직도 진땀이 난다. 놓치지 말고 싹 다 외워버릴까, 하는 고민을 하다 보니 어느새 점심시간이 끝났다.

12시 30분, 방에 돌아와 약간 숨을 돌리려던 차에 내선 전화가 울린다. 파트너변호사다. 새로 수임한 사건을 담당할 수 있겠냐는 전화다. 언제까지 필요한 것인지 여쭙고, 당연히 가능하다고 시원스럽게 대답한다. 전화를 끊자마자 기다렸다는 듯이 파트너변호사로부터 관련 자료가 담긴 이메일이 도착했다. 자료를 훑어보고 있는데,

최근 판례 경향에 대해 공부한다. 변호사라는 직업은 항상 공부하는 직업이다. 특히 판례를 소홀히 본다는 것은 있을 수 없다. 저년차일 때 실수로 서면에 중요한 판례를 빠트려 지적받았던 것을 생각하면 아직도 진땀이 난다.

또 메일이 들어온다. 저년차 변호사에게 부탁해뒀던 간단한 리서치들이다. 일단은 메일을 보내온 걸 토대로 서면을 작성한다. 부족한 부분은 추가로 더 검색한다. 피드백을 해주면 좋겠지만 일단 그럴 시간도 없다. 그렇게 오후시간 내내 이메일, 전화, 컴퓨터와 씨름을 하다 보니 어느새 저녁시간이 다가온다.

17시, 의뢰인이 회사에 도착했다. 파트너변호사와 함께 회의실에서 의뢰인과 회의를 시작한다. 소송으로 갈 것인지를 파악하기 위해서 정확한 사실관계를 파악한다. 여러 차례 질문과 답변이 오고가고, 대략의 방향

을 정한다. 의뢰인이 빠른 대처를 원하는 만큼 신속하게 서면을 써야 할 것 같다.

18시, 저녁은 비서에게 김밥을 부탁해두고 밀린 업무를 처리한다. 밤에 친구가 결혼한다고 청첩장을 나눠준다며 동기들을 소집했다. 참석하려면 손에 모터가 달린 듯이 서면을 써야 한다.

22시, 가까스로 오늘 마감인 업무는 마무리했다. 잠시 친구를 만나러 나가야지, 하고 일어나던 차에 메일이 하나 들어온다. 이런, 친구는 다음에 만나야겠다. 오늘은 몇 시에 집에 갈 수 있을까?

CHAPTER 04

사내변호사

채용절차

기업체 및 공공기관의 경우 채용기간 및 채용절차가 일률적이지 않다. 각자의 내부사정에 따라 인원모집 시기도 달라지고 원하는 인재상도 다르기 때문이다. 이 때문에 사내변호사 채용 기간은 각 회사의 공채시기와 맞물려서 진행되는 경우가 많고, 채용절차 역시 각 회사의 특색에 맞게 운영되고 있다.

기업체의 경우 보통 각 회사의 채용홈페이지를 통해 지원서를 작성하게 된다. 사내변호사를 채용할 정도의 법무 팀을 가지고 있는 회사는 대기업인 경우가 많아, 공채채용과 마찬가지로 서류전형을 통과한 자에 한해서 해당 회사가 자체적으로 마련하고 있는 필기시험을 보게 된다.

회사에 따라서는 변호사자격증이 있는 자에 대해서는 필기시험을 치르지 않기도 한다. 필기시험을 통과한 자에 대해서는 면접시험을 치르는 데 이 경우도 회사에 따라서 한 번의 면접을 통해 채용여부가 결정되기도 하고, 현업면접, 인사면접, 중역면접 등 여러 단계를 거쳐 최종 합격통보를 하기도 한다. 면접에는 소멸시효와 제척기간의 차이라든지 그룹 지배구조와 관련된 법적인 쟁점에 관하여 물어보는 등 법률지식을 테스트하는 단계도 포함되어 있다.

한편, 대형 로펌의 선발과정과 유사하게 인턴제도를 운영하는 회사도 있다. 대표적으로 웬만한 대형 로펌보다 법무 팀의 변호사 인원이 많은 삼성의 경우 졸업예정인 법학전문대학원 3학년을 대상으로 인턴십 과정을 운영하고 있다. 홈페이지를 통해 지원서 등을 온라인으로 접수받고, 서류전형 통과자를 대상으로 면접을 실시한 뒤 인턴으로 실습을 할 기회를 제공한다. 인턴실습 종료 후 실습결과를 반영하여 입사여부를 결정하게 되며, 다만 입사는 졸업예정자의 변호사시험 합격이 조건이다.

해당 직업의 생활

사내변호사는 대개 회사의 법무 팀에 소속되어 일을 한다. 로펌 변호사와 같이 방이 따로 주어지는 것은 아니고, 파티션으로 분리된 공간이 주어진다. 근무시간은 원칙적으로 일반 회사원과 마찬가지로 8시 출근, 6시 퇴근이지만 회사에 따라 8~9시 전후로 퇴근하는 곳도 있고, 근로계약상 근무시간에 맞추어 6시에 퇴근할 수 있는 곳도 있다. 로펌과 달리 개인 비서는 배정되지 않는다.

사내변호사는 평소 회사에서 발생하는 법무를 담당하기 때문에 특별히 바쁜 시기가 있는 것은 아니어서 연휴, 휴가 등을 비교적 자유롭게 쓸 수 있다. 그러나 회사에서 소위 '사건·사고'가 발생해 법무 팀이 깊게 관여해야 하는 일이 발생하는 경우 업무량이 많아진다.

업무는 개별적으로 진행하지만 상사나 선임자에게 항상 보고를 하고 지휘를 받는다. 재용 뒤 별도의 교육프로그램이 마련되어 있지는 않고 선임 변호사에게 도제식으로 트레이닝을 받는다. 업무는 선임변호사와 함께 담당해서 진행하면서 배우게 되는 것이 보통이다.

주 업무내용

사내변호사는 내부에서 회사의 사정을 파악하고, 적절한 조언을 하는 일을 한다. 크게는 계약검토, 소송, 자문, 사내교육 및 법률 외적인 업무를 처리하고, 외부변호사와의 의사소통과정에서 내부의 의견을 정확한 법률용어로 전달하는 업무를 담당한다. 큰 회사의 경우 송무사건은 한 달에 보통 10건 정도를 진행하고, 그 외 상시적으로 계약검토 및 자문업무를 수행한다. 이러한 이유로 회사 내부 임직원이 사내변호사의 주요 고객이 된다.

사내변호사는 자신이 속한 사업 부분이 무엇인가에 따라 민법, 상법과 같은 기본법 외 해당 업종에서 문제되는 법률을 다루게 된다. 예를 들어 제조업 부분에서는 하도급법, 공정거래법 등을, 유통·판매업의 경우에는 공정거래법, 표시광고법, 개인정보법 등을 주로 다루게 된다.

이런 사람이라면 이 직업을!

사내변호사의 업무 강도는 로펌변호사에 비해 높지 않다. 대신 법률적인 업무 외 기타 비법률적인 업무에 관해서도 융통성 있게 대처할 수 있어야 한다. 높은 연봉 대신 높은 삶의 질, 일과 삶의 균형을 추구하고, 직접적으로 비즈니스에 참여하고 싶은 학생이라면 사내변호사라는 직업을 추천한다.

사내 변호사 하루 들여다보기

8시, 회사에 도착했다. 아무리 변호사라지만 다들 일찍 출근하는데 나만 슬렁슬렁 들어갈 수는 없다. 회사는 조직생활이기 때문이다. 약간은 멍한 머리로 컴퓨터를 켠다. 매일 매일 예상하기 어려운 업무들이 다발적으로 쏟아진다. 오늘은 또 어떤 다이나믹한 일들이 벌어지려나.

컴퓨터 아웃룩으로 이메일들이 잔뜩 들어온다. 자기 전 확인한 이후로도 20통가량 더 들어와 있다. 찬찬이 훑어본다. 음? 이건 내 담당이 아니다 싶은 요청들도 같이 들어와 있다. 착오가 있었던 것 같으니 관련 부서로 전달한다. 10시에 해외거래처와 회의가 잡혀 있기 때문에 일단 급한 메일들의 피드백만 우선 해치우고, 회의 준비를 한다. 회의 30분 전, 팀장님께 보고 드리고, 더 준비해야 하는 자료들과 회의 때 제시할 쟁점들을 다시 한 번 점검한다.

10시, 회의가 시작되었다. 전화로 회의를 진행한다. 최근 진행하고 있는 계약 건과 관련해서 저쪽에서 조건 변경을 요청해왔다. 실무담당 부장님이 얼굴을 찌푸린다. 우리 쪽에서 그 부분은 섬토들 너 해보고 대답해주겠다며 회의를 마무리한다. 전화를 끊고, 오늘 회의에서 오간 내용들을 정리한다. 보고할 내용을 정리하고, 더 검토해야 할 사항들을 점검한다. 부장님이 고생했다고, 좀 더 고생하자며 점심식사를 같이 하자고 제안하신다. 네, 그러고마 하고 일어선다.

실무를 담당하는 분과의 점심식사는 항상 흥미롭다. 사업 자체를 이해하지 못하면 제대로 된 법률자문도 할 수 없기에 귀를 쫑긋하고 기울인다. 직장인으로서의 고충, 애환, 그리고 또 자부심을 느끼며 그렇게 점심시간이 흘러간다.

오후 1시, 자리에 앉아서 커피나 한 잔 하려고 하는데 전화가 온다. 옆부서에서 온 전화다. 그는 현재 진행 중인 프로젝트가 지난번 내가 자문했던 것과 비슷한 법률적 문제가 발생할 것 같으니 미리 관심을 가지고 검토를 부탁한다며 잠시 보자고 한다. 이메일로 이야기하는 것보다 가끔은 대면회의가 더 효율적이다. 수첩을 챙겨서 이동하려는데 또 전화가 온

실무를 담당하는 분과의 점심식사는 항상 흥미롭다. 사업 자체를 이해하지 못하면 제대로 된 법률자문도 할 수 없기에 귀를 쫑긋하고 기울인다. 직장인으로서의 고충, 애환, 그리고 또 자부심을 느끼며 그렇게 점심시간이 흘러간다.

다. 2시까지 회의실로 호출이다. 옆을 쳐다보니 다른 변호사도 함께 호출이다. 무슨 일이지? 지금 하려던 회의를 빠르게 정리하고 가야 할 것 같다. 머리가 복잡한데 법무팀장님이 부르신다. 오전에 있었던 해외 거래처와의 회의 진척상황을 궁금해하신다. 빠르게 보고를 드리자 팀장님이 오늘 호출 건에 대해 이야기해주신다. 소송준비를 해야 할 것 같다.

1시 반, 빠르게 옆 부서 실무진과 업무 진척상황을 확인하고, 관련 자료를 이메일로 보내줄 것을 요청한다. 벌써 2시다. 얼른 회의실로 이동한다. 사건은 간단하지만은 않아 보인다. 여러 부서에서 소송 관련한 분석을 내놓았고, 우리는 소송이 될지, 승소 가능성은 있을지 일단 일차적으로 확인 가능한 부분들에 대해서 사실관계를 파악하는 데 주력한다. 리스크 분담 차원에서 로펌에 전화를 넣어야겠다.

회의를 마치고 돌아오니 벌써 4시, 이메일이 그 사이 또 쌓여 있다. 지난번에 부탁한 계약서 검토 건은 어떻게 되어가고 있는지를 묻는 메일, 비슷한 사안 관련한 리서치를 부탁하는 메일, 추가 검토를 요청하는 메일. 빠르게 처리할 수 있는 것부터 피드백을 하고, 또 전화를 받고 또 업무를 처리한다.

정신없이 시간을 보내다 보니 벌써 6시, 회사 근처에서 간단하게 밥을 먹고 다시 회사로 들어간다. 실무 관련 회의가 마무리될 쯤 확인 차 법률적 문제는 없는지 확인하기 위해서 대기해야 하기 때문이다. 대기하는 동안 오후에 논의되었던 소송과 관련해서 로펌의 변호사님께 전화를 넣었다. 관련해서 내일 오후에 팀장님께 보고 드려야 하는 만큼 내일 오전까지 검토를 부탁했다. 전화를 끊고 관련 자료를 취합해서 내가 검토한 것과 함께 이메일을 보낸다. 밤 8시에 부탁을 하는 게 조금 미안할 때도 있지만, 나로서도 어쩔 수가 없는 부분이다.

실무회의가 끝났는지 회의실로 오라는 전화가 왔다. 해당 프로젝트와 관련해서 문제될 소지가 있는 부분들에 대해서 보완이 되었는지를 확인하고, 기타 변동된 것이 있는지를 확인한다. 오늘은 이걸로 업무를 마무리할 수 있을 것 같다. 9시, 퇴근이다. 맥주라도 사서 들어가야겠다.

CHAPTER 05

군법무관
(단기 복무)

채용절차

변호사시험 합격자 발표가 난 후 군법무관 지원 공고에 따라서 지원하면 그 해 임관이 예정된 인원에 맞춰서 법무사관후보생으로 학생군사학교에 입교할 사람들을 선발하게 된다. 이 인원에 선발되지 못한 지원자를 포함한 나머지 군미필 변호사시험 합격자들은 공익법무관으로 분류되어 논산훈련소에 입소하여 훈련을 받게 된다. 별도의 서류전형이나 면접과 같은 선발은 없고, 장기복무 군법무관의 경우 필기시험과 면접을 통해 선발하게 된다.

해당 직업의 생활

군법무관은 임관 전 9.5주(0.5주는 적응을 위한 가입교 기간으로 이 기간 내에 훈련을 포기하고 퇴교를 희망하는 사람은 자진퇴교가 가능하나 병사로 훈련소에 입소하는 등의 다른 절차를 통해 군복무를 마쳐야 함)간 학생군사학교에서 법무사관후보생으로 군사훈련을 받게 된다. 훈련기간 중에 육군, 해군 공군 중 하나로 군 분류를 마치고 초급법무장교(중위)로 임관 후 육군종합행정학교에서 군사법실무연수를 받고 실세 임지(근무지)에 배치되어 근무를 하게 된다(학생군사학교와 육군종합행정학교의 훈련 및 연수기간은 기수마다 바뀌고 있기에 그 구분 및 임관시점은 달라질 수 있음).

근무시간은 군법무관 역시 국방부 소속 공무원이라 생각하면 공무원과 같이 아침 9시~ 오후 6시(부대장의 지시나 여름/겨울을 구분하는 군대의 특성상 유동적으로 한 시간 정도 빨라질 수 있지만, 하루 근무시간이 9시간인 것은 동일함)이다.

영내 생활을 반드시 해야 하고 일과시간 후에도 행동의 제약을 받는 사병과 다르게 군법무관은 위관장교이기 때문에 출퇴근시간이 존재하며, 그 이전과 이후의 시간에 있어서는 자유롭게 사용할 수 있다. 하지만 3년간의 군복무생활 중 대부분은 광역시가 아닌 읍 단위 소재 군부대에서 근무를 시작하기 때문에 퇴근 후에도 문화생활을 즐기는 등의 여가활동을 하기는 어려운 면이 있다.

주 업무내용

1년차 군법무관의 경우 검찰관, 군판사, 징계교육장교, 국선변호장교, 법제송무장교와 같이 다양한 보직 중 하나를 선택 혹은 임명되어 해당 업무를 수행하게 된다. 군판사, 검찰관, 국선변호장교의 경우 형사소송에 있어서 법조삼륜의 역할과 거의 동일하지만 군 조직 특유의 행정벌적 성격인 징계업무 및 군법교육의 경우 민간에서는 경험하기 어려운 실무 중 하나이다.

법제송무장교의 경우 송무 업무는 민간법원에 국가소송수행자 자격으로 출석하여 행정 및 민사소송 업무를 수행하는 것이며, 법제업무의 경우는 사내변호사의 업무와 유사하다. 군형법, 군인사법, 군인의 지위 및 복무에 관한 기본법, 군인징계령, 군무원인사법 등을 주로 다루게 된다.

2년차 혹은 3년차로 경력이 쌓이게 되면 위 업무들을 총괄하는 해당 사단 소속 법무참모(소속에 따라 법무실장이라고 부르기도 함)로 근무를 주로 하게 된다. 참모는 사단장을 비롯한 소속 부대장을 보좌하는 역할로 법무참모는 법적 조언을 담당한다.

법제송무장교의 경우 송무 업무는 민간법원에 국가소송수행자 자격으로 출석하여 행정 및 민사소송 업무를 수행하는 것이며, 법제업무의 경우는 사내변호사의 업무와 유사하다. 군형법, 군인사법, 군인의 지위 및 복무에 관한 기본법, 군인징계령, 군무원인사법 등을 주로 다루게 된다.

이런 사람이라면 이 직업을!

군법무관의 경우 업무강도는 민간에 비하여 높지 않지만, 군대라는 상명하복의 조직에서 적어도 가운데 이상에 해당하는 위관급 장교이기 때문에 생활에 있어서 대우가 부당한 편은 아니다. 더욱이 검찰권을 가지고 있기 때문에 다른 부서에서 무시하거나 더 높은 계급을 가지고 있다는 이유로 부당하게 명령을 내리는 등의 일은 일어나지 않는 편이다.

장기복무 군법무관의 경우 20년간 복부하면 군인연금의 수급사가 될 수 있고 지방을 돌아다니면서 근무해야 한다는 것만 제외하면 일반 공무원의 생활과 별 차이가 없다. 단기복무 군법무관과 공익법무관은 두 직역 모두 지방근무를 해야 한다는 점에서는 동일하지만, 군법무관은 호봉체계가 적용되어 복무를 할수록 급여가 인상되고 생활할 수 있는 군 숙소가 해당 지방에 근무하는 동안은 상당히 저렴한 가격에 제공된다는 점에서 같은 지방 근무일지라도 숙소문제부터 오롯이 혼자 해결해야 하는 공익법무관과 차이가 있다.

또한 군조직의 특성상 군판사, 군검찰 업무를 경험해볼 수 있다는 점에서 실제 진로가 결정되지 않은 군미필자의 경우 공익법무관이 하는 업무보다는 직접적으로 법조의 경험을 해볼 수 있다는 장점이 있다.

군법무관의 하루 들여다보기

오전 9시, 사무실에 도착했다. 컴퓨터를 켜고 인트라넷에 접속하여 나에게 공람된 문서들을 한 번 확인한다. 오늘은 군법교육과 징계위원회가 있을 예정이라 바쁜 하루가 될 것 같다.

오전 10시, 전입신병 군법교육을 하기 위해 대강당으로 이동한다. 그래도 오늘은 예하부대 군법교육이 아니라서 차를 타고 움직이는 이동시간이 따로 없어서 다행이다. 훈련소를 마치고 본격적으로 부대에 배치된 신병들을 대상으로 이제 군인이 되었으니 군형법의 적용을 받는다는 점과 징계의 종류 중에 소문으로만 듣던 영창 외에도 휴가제한, 근신과 같은 징계도 있다는 점 등을 주지시키고 주로 문제가 되는 범죄들을 주마간산식으로 소개하다 보면 한 시간이 금방 지나간다. 사무실로 돌아가면 오후에 있을 징계위원회 준비를 마무리 해야겠다.

오전 12시, 점심시간이다. 오늘은 사단장님이 특별참모부 점심회식을 제안하셔서 법무참모가 아닌 나도 참석대상이라 부대식당에서 식사를 한다. 평소에 법무참모님이 잘 보좌한 덕분에 식사시간 내내 법무관들과의 대화에서 웃음꽃이 끊이질 않는다.

오후 2시, 3일 전에 개최가 통보된 징계위원회를 위해 징계심의실에 위원들이 속속들이 도착한다. 오늘은 휴가를 마치고 복귀 중 휴대폰을 몰래 반입하려던 병사와 몰래 반입하여 일과시간에 사용하다가 적발된 병사가 그 대상이다. 나는 징계간사로서 징계위원장을 도와 위원회가 원활하게 진행되도록 한다. 징계양정기준에 맞춰서 징계간사 의견을 제시한 덕에 투표결과도 의도한 대로 나와서 다행이다.

오후 4시, 사무실에서 잠시 쉬는데 법률상담을 할 수 있는지 문의하는 전화가 온다. 부대의 업무에 대한 법률상담 외에 부대원 중 누구라도 개인적인 법률상담을 원하면 법무실에서 도움을 받을 수 있기에 흔쾌히 승낙하고 기다린다. 상담은 임대차계약에 관한 내용이라 확정일자 및 전세권에 관하여 설명을 해주었다.

오후 6시, 퇴근시간이다. 다행히 야근을 해야 할 정도로 급한 일은 없으니 바로 퇴근을 하고 저녁을 먹는다. 저녁을 먹고 부대 근처 골프연습장에 가서 스윙연습을 한다. 영화를 보려면 차로 운전해서 40분은 나가야 하기 때문에 일과 후에는 주로 운동을 하게 된다.

로스쿨 인사이드 입학에서 취업까지

Part

6

When
미리 보는
로스쿨 라이프

내 입장에서 수월하다고 생각한 문제는 친구들에게도 마찬가지였다. 하지만 모두에게 익숙한 쟁점이라도, 꼼꼼하게 그 근거까지 학설을 정리하는 것, 판례의 구체적인 사안을 적시하며 중요한 판례 문구는 가급적 그대로 인용하는 것, 교수님께서 해당 쟁점에 대해 작성하신 논문이 있다면 그 논문에서 지적한 부분까지 답안에 기재하는 것에서 결과물에 많은 차이가 나왔다. 그저 책과 판례를 열심히 읽는다고 해결될 문제가 아니었다. 높은 수준의 답안지를 제출하기 위해서는 쟁점에 대한 기본적인 이해는 당연하고, 평소에 철저하게 분석하고 정리해두는 습관을 들이지 않으면 불가능했다.

CHAPTER 01

합격 후, 입학 전

합격의 기쁨

오늘은 서울대학교 법학전문대학원 최종 합격자를 발표하는 날이다. 나는 두근거리는 마음으로 합격자 확인 홈페이지에 접속했다. 마치 내 심장이 튀어나올 것 같았다. '내 수험번호가 뭐더라? 아… 여기 있었지.' 떨리는 손으로 인적사항을 입력하고 '확인'을 클릭했다. 맙소사! 합격이다! 내가 서울대학교 법학전문대학원에 합격하다니. 정말 꿈만 같았다.

합격자 발표가 나오고 일주일 정도 후 신입생 오리엔테이션이 개최되었다. 졸업한 지 5년 만에 나는 다시 학교를 찾았다. 함께 합격한 동기들을 처음 만나는 날, 한편으로는 어색하기도 하고 또 한편으로 처음 보는 친구들이 반가웠다. 학부를 갓 졸업한 어린 친구들도 있었고, 나처럼 사회에 나가 경력을 쌓은 친구들도 있었다. 얼떨떨하고 떨린 마음이었기에 동기들과 첫 인사를 나누고 교수님들을 뵈었던 그 시간이 어떻게 흘러갔는지 모르게 끝났다.

선배의 조언

합격의 기쁨을 누리는 것은 잠시였다. 나는 학부 전공이 공대였고, 한 번도 법과대학 수업을 수강한 적이 없었으며, 사법고시를 준비해본 적은 더더욱 없었다. '내가 과연 로스쿨 수업을 따라갈 수 있을까?' 걱정이 앞섰다. 다행히 아는 공대 선배가 서울대 법학전문대학원을 졸업하고 변호사로 활동하고 있었다. 용기를 내어 선배에게 연락해 조언을 요청했다. 선배는 나에게 다음의 세 가지 점을 일러주었다.

◀◀◀

합격의 기쁨을 누리는 것은 잠시였다. 나는 학부 전공이 공대였고, 한 번도 법과대학 수업을 수강한 적이 없었으며, 사법고시를 준비해본 적은 더더욱 없었다. '내가 과연 로스쿨 수업을 따라갈 수 있을까?' 걱정이 앞섰다.

첫째, 지금 당장 예습을 시작할 것. 아무 준비 없이 수업에 들어가면 절대 안 된다. 민법, 형법, 헌법 교재를 당장 사서 1학기 분량은 미리 1회독하라. 만약, 책을 봤는데 무슨 말인지 모르겠고 갑갑해 죽겠다면, 온라인 학원 강의나 테이프라도 구해서 들어라. 공부할 때는 항상 법전을 옆에 두고 법조문을 직접 찾아가며 볼 것. 처음부터 법조문을 직접 찾아보면서 공부하는 습관을 들여야 한다.

둘째, 성적에 연연해 좌절하지 말 것. 주위를 둘러보면 OO단과대학 수석, 차석들 밖에 없다. 엄격한 상대평가이기 때문에 누군가는 C, D학점을 받아야 하는데, 재학생 대부분 공부라면 어렸을 때부터 자신 있게 잘하던 사람들이다. 머리털 나고 처음 C, D학점을 받더라도 절대 충격받지 마라.

셋째, 가능하면 학생 신분일 때 연애해서 애인을 만들어두고, 결혼까지 하면 금상첨화. 일단 로스쿨에 입학하면, 바쁜 일정 때문에 기존에 사귀던 커플은 90% 깨진다. 그런데 공부한다는 이유로 3년간 연애를 하지 않고 사회에 진출하면, 그 다음에는 연애할 상대를 만날 기회조차 만들기 어렵다. 공부하느라 바쁘겠지만, 학생일 때 같은 학생 중에 짝을 찾아보라.

뭐, 일단 나는 모태 솔로라 깨질 연인이 없다는 것 하나는 걱정이 없었다. 이것을 좋다고 표현해야 하나. 어쨌든 선배 말대로 일단 예습을 시작하기로 마음먹었다. 인터넷을 찾아보고, 학생들이 많이 보는 민법, 형법, 헌법 교재를 구입했다. 올해 발간한 법전까지. 좋아. 이제 준비 완료!

기본법 예습 대혼란의 시기

두둥… 머리를 한 대 얻어맞은 것 같다. 큰 마음먹고 법전을 펼쳤는데, 이것이 웬 외계어인가? 한자에서 손 놓은 지 5~6년 됐더니, 도통 뭐라고 쓰였는지 모르겠다. 한자를 다시 공부해야 하나. 잠시 눈앞이 캄캄했지만 한글법전을 사서 함께 보는 것으로 해결.

그 다음에는 민법 교재를 펴봤다. 분명 한글이 쓰여 있긴 한데, 무슨 말인지 잘 와 닿지 않는다. 게다가 우리 학교는 민법 진도를 나가는 방식이 특이해서 '민법총칙'부터 배우지 않고 '계약법'부터 배운다던데, 일반 민법수험서를 그냥 처음부터 무작정 읽어도 되는지 의문이다. 이 책을 볼 게 아니라 1학년 1학기에 배울 계약법 교재를 사서 봐야 하는 것이었나? 혼란스럽다.

민법은 그렇다 치자. 평소 미국 드라마 CSI를 즐겨 보는 나는 형법이 취향에 맞을 것 같았다. 형법 책을 펴니 내 예상은 바로 빗나갔다. 아, 형법총론은 절도죄, 강간죄 이런 것을 다루는 게 아니었다 (그것은 형법각론). 책은 또 왜 이렇게 두꺼운지 한숨이 나온다. 그래도 참고 꾸역꾸역 읽어보자. 참는 자에게 복이 있나니. 이쯤 되니 헌법 책은 펴볼 엄두도 안 난다.

처음 며칠 동안은 진도가 정말 안 나갔다. 어느 순간부터는 이해하는 것을 포기했다. 무슨 말인지 잘 몰라도 일단은 그냥 넘기고 한 번 쭉 읽어보기로 마음을 먹었다. '처음부터 잘하는 사람이 어디 있어'라며 애써 내 자신을 위로했다.

도저히 감을 잡을 수 없어 학원 온라인 강의를 한 번 들어볼까 하는 생각이 들었다. 사법고시 수험용으로 유명한 OO학원 사이트에 접속해 보니, 한 과목 수강료가 무려 30~40만원이다. 아~ 너무 비싸다. 학원 강의는 포기하고 나는 그냥 책으로 봐야겠다.

우왕좌왕 하는 사이에 입학까지 두 달 남짓한 시간 밖에 남지 않았다. 민법은 일단 기본적인 개념을 세워야 하기에 수험서의 목차대로 '민법총칙' 부분부터 찬찬히 살펴보기로 했다. 1학년 1학기에 배울 '계약법' 교재를 보니, '민법총칙'의 법률행위의 대리 부분, '채권총칙'의 채권의 효력,

채권의 소멸 부분, '채권각칙'의 계약총론, 계약각론(매매, 도급) 부분 내용을 모두 아우르고 있었다. 가급적 이 모든 부분을 발췌해서라도 1회독 하기로 마음먹고, 나는 본격적인 고시생 모드에 돌입했다.

처음 며칠 동안은 진도가 정말 안 나갔다. 어느 순간부터는 이해하는 것을 포기했다. 무슨 말인지 잘 몰라도 일단은 그냥 넘기고 한 번 쭉 읽어보기로 마음을 먹었다. '처음부터 잘하는 사람이 어디 있어'라며 애써 내 자신을 위로했다.

수강신청 전쟁

아직 헌법 책은 거들떠보지도 않았는데, 벌써 2월 말이 되었다. 이제 수강신청을 할 시기가 왔다. 나는 수강편람을 보며 고민에 빠졌다. 어차피 들어야 할 전공필수 과목은 민법1(계약법), 형법1(헌법과 정치제도), 공법1(형법총론), 법률정보조사로 정해져 있고, 기초법학 과목만 선택하면 되긴 하는데, 전공필수 과목을 어떤 교수님께 들어야 할지 통 모르겠다. 일단, 형법은 워낙 잘 생기셔서 타과에서도 소문이 자자하신 OOO 교수님 수업으로 듣기로 마음먹었다. 제일 중요한 민법은 어느 교수님의 수업을 들어야 하나? 다시 한 번 선배에게 연락했다.

선배는 우리 같이 법에 초짜인 '쌩비법' 학생은 수업을 체계적으로 친절히 운영하는 교수님 수업으로 들어야 한다며, 과목별로 교수님의 특징과 강의 스타일을 이야기해주었다. 아무래도 법학을 처음 접한 학생들은

'수업시간에 중요하게 다루어진 주제' 내에서 시험 문제가 출제되는 스타일의 강의가 적응하기 수월할 것이다. 반대로 이미 사법고시를 준비한 경험이 있거나 법학을 전공한 학생들은 전 범위를 커버하면서 자습이 많이 요구되는 스타일의 강의를 선택하는 것이 더 유리하다. 선배의 조언대로 나는 강의 진행방법, 시험 출제경향 등에 관한 강의 정보를 얻기 위해 서울대학교 법학전문대학교 내부커뮤니티에 게시된 글을 샅샅이 뒤져보았다.

그 날이 밝았다. 대망의 수강신청 날이다. 인기강좌는 몇 초 만에 마감되기도 하기 때문에 비장한 마음으로 컴퓨터를 켜고 대기했다. 한 번의 클릭으로 한 학기가 좌우된다. 일단 가장 중요한 민법부터 실무가 출신의 강의력 좋기로 소문이 자자한 OOO 교수님의 수업을 신청했다. 성공했다! 하지만 형법은 아쉽게도 내가 눈독 들였던, 잘생기신 그분 수업은 마감되어 놓쳤다. 공법은 그런대로 선방했다. 이 정도면 아쉽지 않은 수강신청이다. 이제 본격적인 로스쿨 생활이 성큼 다가왔다.

CHAPTER 02

1학년

첫 수업 적응기

첫 수업은 공법1(헌법과 정치제도) 시간이었다. 학기 시작 전에 미리 사둔 헌법 책은 한 번 펴보지도 못했는데, 이 수업을 위해서는 교수님이 집필한 책을 두 권이나 다시 사야 했다(하나는 헌법 기본서, 하나는 헌법재판소 결정문 모음). '미리 수강편람을 살펴보고, 이 교수님의 수업을 듣기로 마음을 정한 다음에 맞춰서 교재를 사두었으면 좋았을 것' 하는 후회가 밀려왔다. 그나마 법대 출신 동기가 쌩비법인 나 같은 친구들에게는 이 교수님 수업이 제일 좋다고 말해주어서 위안이 되었다. 다만, 교수님 저서의 책을 목차부터 내용까지 달달 외워야 한다는 말에 조금 걱정이 되었다.

대망의 '민법1' 시간이 다가왔다. 선배가 강력하게 추천한 교수님의 수업이었는데도, 생각보다 수업을 알아듣기가 쉽지 않았다. 교수님이 수업과 관련된 판례를 인터넷 사이트에 올려두면, 학생들이 미리 판례를 읽고 수업시간에 들어가야 한다. 수업시간에 판례 관련한 질문을 하실 때도 있었고, 호명될 경우 앞에 나가 판례에 대해 설명해야 할 경우도 있었다. 교수님이 호명하려고 출석부를 펼 때마다, 나의 간은 쪼그라들었다. '제발 제 이름만은 부르지 말아주세요. 제발.' 그 순간만은 선배가 왜 이 수업을 추천해줬는지 원망스러웠다. 쌩비법인 나에게 질문형의 강의는 공포와 두려움의 대상이었다.

'형법1' 시간은 정말 마음에 들었다. 교수님이 우리에 대한 기대치가 무척 낮으셔서 그런지, 진심으로 우리를 걱정하며 꼼꼼하고 친절한 주입식 강의를 해주셨다. 게다가 미리 예습하기보다는 복습이나 철저히 하라고 말씀해주시는데, 교수님의 머리 뒤에서 후광이 비치는 듯했다. 나는 진심으로 느꼈다. 이 교수님이야말로 나의 구세주시구나!

공부, 공부 또 공부

첫 학기의 반이 바람처럼 지나갔다. 매일 읽어야 할 분량이 너무 많았다. 오늘 배운 부분을 복습하고, 다음 시간에 배울 부분을 미리 읽어두고, 책뿐 아니라 곁가지로 읽어야 할 판례들까지 한 다발이었다. 한 문장 한 문장 이해하기도 벅찬 판례는 한 장 읽는데 30분은 소요되는 것 같았다.

나는 법대 15동 5층에 마련되어 있는 '법오' 열람실을 주로 사용했다. 자유로운 영혼의 소유자인 나는 칸막이 책상 대신 칸막이가 없는 평상에 자리를 잡고 공부했다. 솔직히 말하면, 칸막이 책상에서 공부하려면 아침 일찍 학교에 등교해 미리 자리를 잡아두어야 하는데, 올빼미형 인간인 나에게는 불가능에 가까운 일이었다. 더불어 같은 열람실에 항상 자리 잡고 공부하고 있던 잘생긴 남자 선배를 볼 수 있다는 것은 보너스!(아쉽게도 그 분에게는 캠퍼스 커플인 아리따운 여자 친구가 있었다.)

매일의 하루 일과는 항상 똑같다. 법오 책상에 앉아 책을 읽다가, 점심을 먹고, 수업에 참석했다가, 다시 법오에 와서 공부하고, 또 다시 수업에 참석했다가, 저녁을 먹고, 밤늦게까지 공부하다가 집에 돌아간다. 그래도 매일 읽어야 할 것들은 한 가득이고, 나는 날마다 허덕이고 있었다.

법학시험 적응기

어느새 시험기간이 다가왔다. 노트 필기한 것과, 교재를 보고, 판례를 읽다가 밤을 꼴딱 지새웠다.

첫 중간고사인 공법 시험은 약술형이었다. 무려 6문항이 출제되었는데, 그 중 4개 정도는 이미 중요하다고 생각해서 여러 번 읽고 정리해 둔 쟁점이었다. 그런데 나머지 2개는 책에 뭐라고 쓰여 있었는지 전혀 기억이 안 났다. 친구가 교재 목차는 기본적으로 다 외우라고 그렇게 당부했었는데, 그 말을 흘려듣고 '내용이 중요하지'라고 생각하며 내 나름의 공부방법만 고집했었던 자신이 너무나 후회스러웠다. 그렇다고 그 내용조차도 완벽하게 머릿속에 넣어 둔 것도 아니었다니. 일단 생각나는 내용만으로 머리를 쥐어짜내 답안지를 채워갔다.

민법, 형법 시험은 다행히 교수님이 수업시간에 중요하게 다룬 부분에서 출제되었다. 말로만 듣던 사례형 문제도 출제되었으나, 이미 읽어둔 판례를 변형한 문제여서 그다지 당황하지는 않았다. 무엇보다 공법 시험 문제만큼 나를 당황케 한 문제는 없었으니, 하지만 나름대로 선방했을 것이라 기대했다.

기말고사는 중간고사 때보다는 좀 더 법학에 익숙한 상태에서 치렀기 때문에 나름대로 자신이 있었다. 중간고사 때는 미처 몰랐는데, 내부 커뮤니티에 과목별, 교수님별 역대 기출문제가 올라와 있었다. 법학을 전공한 친구 몇 명과 다른 과목을 전공한 친구 몇 명이 모여 스터디그룹을 짜고 기출문제 풀이를 했다. 각자 맡은 부분에 대해 모범답안을 작성해서 이를 공유하는 방식이었는데, 다른 친구들이 작성한 답안을 보면서 법학 답안지를 작성하는 방법을 터득할 수 있었다.

눈 깜짝할 사이에 한 학기가 지나갔다. 마지막 기말시험이 끝난 날, 자유를 만끽하며 친한 친구들과 함께 야외에 놀러나갔다. 이젠 신나는 방학이 시작됐구나!

여름방학

방학이 시작됐다는 기쁨은 오래가지 않았다. 1학기 성적이 하나 둘씩 공개되면서, 나는 비로소 선배가 '성적에 연연해 좌절하지 말라'고 충고해주었던 말이 무슨 의미인지 깨달았다. 중간고사 때 몇몇 문항에서 만족할 만한 답을 쓰지 못했던 공법이야 다소 성적이 낮아도 이해할 수 있었다. 하지만 그 외 과목들의 경우, 나를 당황하게 한 문제는 그다지 없었는데 생각보다 성적이 너무 낮게 나왔다.

일부 과목은 교수님이 시험강평과 모범답안을 인터넷에 올려주셨다. 나는 꼼꼼히 강평과 모범답안을 살펴보았다. 확실히 내가 쓴 답안과는 차원이 달랐다. 깔끔한 목차, 쟁점별로 꼼꼼한 고찰, 유사 판례를 기재하는 방법까지 어떻게 그 짧은 시간에 이렇게 답안을 작성할 수 있는 것인지 놀라웠다.

내 입장에서 수월하다고 생각한 문제는 친구들에게도 마찬가지였다. 하지만 모두에게 익숙한 쟁점이라도, 꼼꼼하게 그 근거까지 학설을 정리하는 것, 판례의 구체적인 사안을 적시하며 중요한 판례 문구는 가급적 그대로 인용하는 것, 교수님께서 해당 쟁점에 대해 작성하신 논문이 있다면 그 논문에서 지적한 부분까지 답안에 기재하는 것에서 결과물에 많은 차이가 나왔다. 그저 책과 판례를 열심히 읽는다고 해결될 문제가 아니었다. 높은 수준의 답안지를 제출하기 위해서는

나는 꼼꼼히 강평과 모범답안을 살펴보았다. 확실히 내가 쓴 답안과는 차원이 달랐다. 깔끔한 목차, 쟁점별로 꼼꼼한 고찰, 유사 판례를 기재하는 방법까지 어떻게 그 짧은 시간에 이렇게 답안을 작성할 수 있는 것인지 놀라웠다.

쟁점에 대한 기본적인 이해는 당연하고, 평소에 철저하게 분석하고 정리해두는 습관을 들이지 않으면 불가능했다.

그리하여 여름방학 때에는 2학기 때 다룰 주제에 대한 기본적인 이해를 미리 마쳐두기로 다짐했다. 이번에는 혼자 책을 보며 예습하는 방법을 택하지 않고, 사법고시 준비용 기본강의 테이프를 듣는 방법을 택했다. 온라인 강의보다 가격 면에서 월등히 저렴하고 칠판 필기 노트를 따로 구매할 수 있기 때문에 크게 불편함은 없었다. 평소 언어영역에 취약했던 공대생이라 그런지, 혼자서 교재를 읽는 것보다 강의를 듣는 것이 내용을 훨씬 쉽게 이해할 수 있었다.

보다 나은 2학기, 겨울방학

1학년 2학기에는 전공필수 과목인 공법2(기본권론), 공법3(행정법), 민법2(권리변동과 구제), 형법2(형법각론), 민사소송법을 수강해야 했다. 여름방학 때 이 모든 과목을 미리 예습해두면 좋았겠지만, 현실적으로는 민법2, 공법3(행정법)만 미리 살펴두는 것만으로도 벅찼다. 때문에 민사소송법은 겨울학기에 수강하기로 미루어두고, 2학기에는 나머지 4과목에만 집중하기로 결심했다.

이미 한 학기를 겪으면서 과목별로 교수님 강의 스타일에 어느 정도 적응했기에 공부하는 방법에도 체계가 잡혀갔다. 교수님이 주입식으로 꼼꼼하게 강의해주는 스타일의 형법은, 노트 필기를 꼼꼼히 하고 복습에 치중하는 공부를 했다.

판례에 대해 질문형 수업을 진행하고 수업시간에 중요하게 다룬 주제 내에서 시험을 출제하는 스타일의 민법은, 예습할 판례를 반드시 2번씩 읽어 샅샅이 그 근거를 분석해두었으며 주요 문구는 미리미리 외워두었다. 또한 수업시간에 교수님 강의를 녹음했다가 다시 반복해서 들으며 그 내용을 정리했다. 배운 주제에 대한 교수님의 논문이 있다면, 논문을 간략하게 요약해두고 시험 때는 요약본만 읽을 수 있게 정리해두는 것도 잊지 않았다.

수업시간에 교수님 강의를 녹음했다가 다시 반복해서 들으며 그 내용을 정리했다. 배운 주제에 대한 교수님의 논문이 있다면, 논문을 간략하게 요약해두고 시험 때는 요약본만 읽을 수 있게 정리해두는 것도 잊지 않았다.

공법은 목차를 통째로 다 외워야 하는 교수님 수업 스타일이 나와는 맞지 않는 것 같아, 다른 교수님의 수업으로 들었다. 스터디를 결성해 헌법재판소 결정문을 표로 정리해서 요약해두고, 나머지는 기본서와 수업시간에 필기한 것을 위주로 공부했다.

이처럼 과목별로 공부하는 요령이 생겨서 그런지 1학년 2학기에는 만족할 만한 성적을 거둘 수 있었다. 겨울방학 때에는 민사소송법 한 과목만 수강해 소송법 수업에 집중하였고, 나머지 시간에는 2학년 1학기에 배울 과목을 미리 예습해두었다.

학회 및 동아리 활동

공부에 파묻혀 바빴지만, 나를 포함한 많은 친구들이 통상 2~3개의 학회나 동아리에 가입해 활동했다. 평소 관심 있는 분야와 관련한 학회 1~2군데와 친목을 도모할 수 있는 동아리, 그 외 종교 동아리에 많이 가입하는 추세였다. 나는 종교를 가지고 있지 않았기에 동아리에는 가입하지 않았으나, 평소 관심이 많았던 분야인 과학기술과법학회와 국제법학회에 가입해 활동했다.

모두들 학업에 매진하느라 바쁜 처지였기에, 학회 활동은 주로 식사 시간에 짬을 내어 샌드위치를 먹으면서 세미나를 진행하는 방식으로 이루어졌다. 그 달의 발표자가 주제를 정해 준비한 발표를 마치면, 이에 대해 토론을 하는 방식으로 진행되었다.

시험을 마치고 방학이 시작되면 학회 친구들끼리 서울 근교에 나가 펜션에서 1박 2일로 MT를 가기도 했는데, 삭막한 로스쿨 생활 속에 오아시스와도 같은 시간이었다.

친구들의 1학년

1학년을 보내는 내내 가장 부러운 친구들은 단연 법학을 전공한 친구들이었다. 법학 전공생들은 수강신청 전에 공법, 민법, 형법 3과목에 대해 학점인정자격시험을 치를 수 있었는데, 시험에 패스하게 되면 학기 중에 해당 과목을 수강할 필요가 없었다. 상상해보라. 이 살 떨리는 중간고사, 기말고사를 안 볼 수 있다니. 물론, 학점인정자격시험에 패스하기는 매우 어렵다고 한다.

함께 수업을 들을 때도 스터디를 구성하는 데 있어 가장 인기 있는 친구들은 단연 법학을 전공한 친구들이었다. 비법학도 친구들이 한치 앞도 안 보이는 안개 속에서 헤맬 때 그들은 스터디 전체를 밝혀주는 등대와 같았다고 할까.

나는 스터디가 그다지 적성에 맞지는 않아서 기출문제 스터디만 했으나(그마저도 만나서 모이는 시간 없이, 각자 맡은 기출만 풀어서 인터넷에 올리면 공유하는 방식), 친구들은 판례 스터디, 논문 스터디 등을 조직해서 함께 만나 공부하는 방식을 선택했다. 예약제로 운영되는 세미나실은 각종 스터디 모임으로 항상 가득 차 있었다.

CHAPTER 03

2학년

다시 시작

입학한 지 1년의 세월이 흘렀다. 이제 로스쿨 생활에 어느 정도 적응할 만도 한데, 내 생활은 언제나 '허덕임'의 연장선상이었다. 법학전문대학원을 졸업하기 위해서는 90학점을 이수해야 하고, 3년 동안 6학기를 다녀야 하므로 평균적으로 한 학기당 15학점(5과목)을 이수해야만 한다. 그런데 1학년 때에는 새로운 법학과목에 익숙해져야 하므로 한 학기당 15학점 이상을 이수하는 것이 현실적으로 불가능했고, 3학년 때에는 변호사시험 준비에 전념해야 하기에 15학점을 이수하려면 큰 부담이 된다. 그렇다면 남은 기회는 2학년뿐인데, 이때 학기당 6~7과목을 수강해 18학점 가량을 수강해두어야 하는 것이다.

2학년 1학기가 되니 전공필수 과목이 법문서의 작성, 법조윤리(1학점), 민법3(채권의 담보와 보전) 3과목으로 줄었다. 나머지 4과목은 내가 선택할 수 있는데, 보통 변호사시험의 범위에 포함되는 회사법, 상거래법, 형사소송법 중에 2~3과목을 수강하고 나머지 1~2과목은 각자 전공과 관련한 과목(외교학과의 경우 국제거래법, 국제법, 국제경제/통상법 등, 경영대의 경우 시장경제와 법적규제, 독점규제법, 세법개론, 경제규제법 등, 의학의 경우 의료법, 법의학 등)을 수강한다.

언제나 허덕임의 연장선상이었던 나는, 겨울방학 동안 민법4와 상거래법을 예습하기에 바빴고 '회사법'은 미처 예습하지 못했다. 때문에 다들 예습을 하고 수강하는 회사법은 2학기에 수강하기로 미루고, 대신 공대 출신이라면 꼭 한 번쯤 들어야 할 지적재산권법개론, 평소에 관심이 많았던 세법개론을 수강하기로 했다.

드디어 지적재산권법개론 첫 수업시간. 둘러보니 변리사는 물론이거니와 행정부에서 특허법, 저작권법을 담당했던 실무가 출신 동기들이 쫙 깔려 있다. 하~ 그래도 공대 출신인데 지적재산권법개론은 꼭 들어야 한다며 마음을 다잡았다. 한숨을 쉬며, 세법개론 수업에 참석하니 30여 명의 학생 중에 회계사 출신 학생만 5~6명이다. 눈앞이 캄캄하다. 이후에 3학년에는 법의학 수업도 들었는데(나는 CSI 애청자), 이때 의사 출신 학생만 5명 정도 되었다. 로스쿨 라이프는 그야말로 산 넘어 산이었다.

이쯤 되니 '학점'보다는 '배움'에 의미를 두고, 모든 것을 초탈한 자세로 그냥 듣고 싶은 과목을 수강하기로 했다. 학기 중간에 drop하고 중도 하차하고 싶은 마음이 굴뚝같았지만 꾹 참고 끝까지 생존한 것만으로도 충분히 의미 있는 생활이었다. 돌이켜 보건대, 실무에 나가니 이렇게 관심 있었던 분야를 두루 수강해두었던 것이 많은 도움이 되었다.

여름방학 – 실무수습, 계절학기, 법조윤리 시험

1학기를 마칠 무렵부터는 나를 포함한 동기들 대부분이 실무수습에 지원하느라 여념이 없었다. 여름방학 동안 로펌뿐 아니라, 정부기관, 일반기업에서도 실무수습을 할 기회가 주어지는데, 나는 로펌과 법원 이렇게 2군데에서 실무수습을 했다.

일부 발 빠른 친구들은 1학년 때부터 실무수습을 시작하기도 한다. 이들 중 특출한 몇 명은 2학년에 올라갈 때부터 이미 로펌에 채용이 확정된다. 하지만 하루살이로 겨우 연명하는 나 같은 자에겐 '남의 나라 이야기'이다.

로펌에서의 실무수습은 지원과정부터 만만치 않았다. 채용 과정의 일환으로 인턴을 선발하기 때문에, 자기소개서, 이력서 등 준비해야 할 서류도 법학전문대학원 입시에 못지않았다. 서류심사에 통과하면 인턴선발 면접 절차를 거치는데, 15~20분 정도에 걸쳐 지원동기 등 자기소개서 내용을 바탕으로 면접이 진행된다. 학점이 그다지 높지는 않았지만, 학부 전공이 공대이고, 실무 경험이 있어서 그런지 다행히 지원한 로펌에서

2주간 인턴 경험을 쌓을 수 있었다.

회사에 다니다가 로스쿨에 입학해 학교를 다닐 때는, 등교하는 일이 그렇게도 즐겁더니 1년 반 동안 학교에서 썩었다고(?) 정장을 차려 입고 로펌에 출근하는데 그렇게 설렐 수가 없었다(비록 인턴 신분이지만). 인턴실이 별도로 마련되어 있어 거기서 근무했기 때문에 담당 변호사는 점심, 저녁 식사할 때 만날 수 있었다. 별다른 일정 없이 담당 변호사로부터 과제를 받아 이를 작성하고, 리서치, 답변서 작성, 상고이유서 작성, 의견서 작성 등이 주요 업무였다.

나와 비슷한 시기에 다른 로펌으로 인턴을 나간 친구의 경우에는, 참여한 인턴들에게 공통된 과제를 부여해서 동일한 기록을 검토하게 한 다음, 의견서를 제출하도록 했다고 한다. 이렇게 제출된 의견서는 로펌에서 점수를 매겨 이후 채용절차에서 참고자료로 활용되었다는 후문을 들었다.

> 참여한 인턴들에게 공통된 과제를 부여해서 동일한 기록을 검토하게 한 다음, 의견서를 제출하도록 했다고 한다. 이렇게 제출된 의견서는 로펌에서 점수를 매겨 이후 채용절차에서 참고자료로 활용되었다는 후문을 들었다.

실무수습을 마치고 1~2주 정도의 시간이 흐른 후, 함께 인턴 생활을 했던 친구들 중 몇 명에게는 개별적으로 연락이 가고, 최종 면접을 거쳐 채용이 확정되었다. 이쯤 되니 개별적인 연락을 못 받은 나는 초조해지기 시작했다. 이렇게 가다가 나는 말로만 듣던 '로스쿨 낭인'이 되는 것은 아닌가. 이제부터라도 좀 더 학점 관리에 신경 써야 하는 것인가. 앞길이 너무나 불안했다.

한편, 법원에서의 실무수습은 팀별로 이루어졌다. 여름에는 기본실무실습(겨울에는 '심화실무수습'이 진행됨)으로 2주간 진행되었는데, 조별로 민사 재판부, 형사 재판부를 1주씩 오가며 기록 검토 후 보고서 작성, 재판 참관 업무를 했고, 마지막에는 법정에서 모의재판을 열기도 했다. 모의재판은 실무수습에 참여한 학생들이 민사/형사 기록을 랜덤으로 받아 3명씩 팀을 이루고, 원고·피고/검사·변호인 역할 중 하나를 맡아 직접 변론하는 방식으로 진행되었다. 실제 법정에서 판사님 앞에서 변론을 해볼 수 있는 좋은 기회였다.

2학년 여름방학은 학기 중만큼이나 바빴는데, 실무수습은 물론 여름학기에 개설된 미국계약법 강좌도 수강했다. 학점을 미리 채워놓아야 하기에 1학기에 19학점을 수강하였는데, 역시 한 학기에 7과목(법조윤리가 1학점, 나머지 6과목이 3학점)을 수강하는 것은 너무 무리였다. 나는 그 이후로 두 번 다시 한 학기에 16학점 이상은 수강하지 않았다.

2학년 여름방학 중 가장 중요한 이벤트는 '법조윤리' 시험이었다. 변호사시험 과목 중의 하나인 법조윤리 시험은 다른 과목과 달리 2학년 때 미리 응시할 수 있다. 만약 이때 통과해두지 않으면 3학년 여름방학에 다시 응시할 수 있지만, 3학년 선배들은 "두 번의 기회가 있다고 제대로 준비하지 않았다가 시험에 떨어지면, 3학년 때 진정한 'hell gate'가 열리니 절대 떨어지면 안 된다"고 당부했다.

대부분의 친구들이 일주일 전부터 본격적인 법조윤리 시험 준비에 돌입했다. 이미 1학기 때 법조윤리 과목을 수강하고, 중간고사/기말고사를 치렀기 때문에 어느 정도 내용을 익힌 상태였다. 일부 친구들은 학원에서 제공하는 온라인 강의를 듣기도 하였으나, 나는 친구들이 많이 보는 수험서로 3회독하고, 법조윤리 수업 시간에 받은 프린트, 기출문제를 정리했다.

법조윤리 시험은 난이도와 관계없이 70점 이상을 취득하면 합격하며, 4지선다의 객관식 유형의 시험이다. 실전 시험에서는 시간 배분에 특히 유의했고, 잘 모르는 문제에 너무 매달리지 않고 체크한 후 일단 넘어갔다가, 다른 문제를 모두 풀고 난 후에 다시 푸는 방식으로 시간을 배분했다. 시험 당일 오후에 바로 정답이 공개되었고, 채점 결과 비교적 안전한 점수로 합격. 큰 산을 하나 넘은 기분이었다.

2학기

실무수습, 계절학기, 법조윤리 시험으로 여름방학을 정신없이 보내다가, 끝끝내 회사법은 예습 한 번 못 해보고 2학기가 시작되었다. 나의 하루살이 인생은 언제쯤 끝이 나려는지(결과적으로는 변호사시험을 마치는 그 날까지 네버엔딩 하루살이 라이프였다).

2학년 2학기에는 1학점짜리 모의재판 수업만이 전공필수 과목이다. 나머지를 어떤 과목으로 수강하는지는 그야말로 학생들마다 천차만별이었다. 이 시기에 가장 큰 부러움의 대상인 친구들은 바로 로펌에 채용이 확정된 친구들이었는데, 이들은 이제 학점을 잘 받아야 한다는 압박감에서 벗어났기 때문에 실무에 나갔을 때 실질적으로 도움이 되는 과목을 위주로 수강한다. 기업 팀이나 금융 팀에 채용된 친구들은 금융법개론, 기업재무와 법, 기업지배구조론 등의 과목을, 조세 팀에 채용된 친구들은 회계와 세무, 조세소송 등의 수업을, 국제 팀에 채용된 친구들은 국제 비즈니스 협상과 같은 수업을, IP 팀에 채용된 친구들은 저작권법, 특허법과 같은 수업을 수강하는 식이다.

일반적으로는 변호사시험 범위에 포함되는 상거래법, 회사법, 형사소송법, 민법4(가족법), 보험법, 민사집행법에서 3~4과목을 수강하고, 그 외 변호사시험에서 치를 선택과목(국제법, 국제거래법, 노동법, 조세법, 지적재산권법, 경제법, 환경법 중 1과목)을 수강한다. 검찰에 관심 있는 친구들은 검찰실무1 과목을, 법원의 재판연구원에 관심 있는 친구들은 형사재판실무를 수강했다.

부끄럽지만 나는, 더 이상 성적표에 '민법' 내지 '민사'라는 글자가 찍히는 일이 없기를 간절히 바랐기에, 민법4, 민사집행법 과목을 끝끝내 수강하지 않았다. 마치 이과생인 고등학생이 '수학'이라는 과목으로부터 받는 압박감과 비슷했다고나 할까(세계사에서 70점을 받으면 그냥 그런데, 수학에서 70점을 받으면 왠지 정말 내가 너무 한심한 그 느낌). 이는 나중에 변호사시험을 대비하면서 두고두고 뼈저리게 후회한 대목이었다. 학교를 졸업한 이후에 후배를 만나면, 다른 수업은 몰라도 민법4, 민사집행법 수업은 반드시 수강하고 졸업할 것을 권하고 다닌다.

나는 검찰이나 법원 쪽 진로에는 별 관심이 없었지만, 오로지 형사 과목이 좋다는 이유 하나만으로 검찰실무1, 형사재판실무 과목을 모두 수강하였다. 검찰실무1은 현직 검사님이, 형사재판실무는 현직 부장판사님이 학교에 오셔서 강의해주셨는데, 실무에서 중요한 쟁점을 위주로 수업이 진행되었다. 이는 변호사시험을 대비하는 데 실질적으로 많은 도움이되었다.

겨울방학 - 가인 법정변론대회, 실무수습

2학기 중에 절친한 친구의 간곡한 권유로 가인법정변론대회 민사 부문에 참여(3명이 한 팀을 만들어야 함)하였는데, 놀랍게도 예선을 통과하는 바람에 나의 겨울방학은 변론대회 준비로 시작해서 변론대회 준비로 끝이 났다.

가인법정변론대회는 법원에서 주최하는 모의재판대회로, 주어진 사건을 대상으로 현직 법관들로 구성된 재판부 앞에서 변호사 역할을 수행해야 한다. 원고/피고 역할은 랜덤으로 주어지고, 상대방 팀과 2차례에 걸쳐 준비서면을 교환한 후 법정에서 변론하게 된다. 처음에는 그다지 큰기대 없이 오로지 의리 때문에 참여했는데, 상대 팀과 경쟁이 붙으면서점차 나도 모르게 의욕에 차서 대회를 준비하게 되었다. 비록 대회 준비 때문에 크리스마스에도, 1월 1일에도, 구정 기간에도 학교에서 시간을 보냈지만, 로스쿨 재학 기간 중 가장 추억에 남는 일을 꼽는다면 바로 이 변론대회에 참여했던 것이라고 말하고 싶다.

아직 갈 길이 정해지지 않았던 나는, 여름방학 때와 마찬가지로 실무 수습을 위해 몇몇 군데 로펌에 지원했다. 다행히 지원한 곳 중 한 곳에서 실무 수습할 기회가 주어졌는데, 채용과 연계된 과정이었다. 2주간 총 6개의 공통 과제(20명의 인턴이 같은 과제를 받음)를 수행하였는데, ① 의견서 작성, ② 준비서면 작성, ③ 영문계약서 번역, ④ 국문계약서 작성, ⑤ 학술논문 요약, ⑥ 집단토론으로 이루어졌다.

모든 과제가 동등한 조건에서 평가된다는 생각에 더 긴장된 생활을 했다. 이후 함께 인턴 생활을 하던 20명의 친구들 중 나를 포함한 8명은 로펌으로부터 입사 제안을 받았다. 로스쿨 생활 중 가장 기쁜 순간이었다. 가장 큰 산을 넘은 기분이었다.

상당 수의 친구들은 2학년 겨울방학 때부터 본격적인 변호사시험 준비에 돌입했다. 네버 엔딩 하루살이 인생이었던 나는 변론대회, 실무수습, 연애 등을 하느라 흐지부지 방학을 보냈고, '나는 겨울방학에 한 게 너무 없다'며 패닉 속에 3학년 1학기를 맞이했다.

CHAPTER 04

3학년

변호사시험 준비의 시작

변호사 시험에 대한 걱정으로 바짝 긴장한 채 새로운 학기가 시작되었다. 1학기에는 민법, 민사소송법을 집중적으로 공부하기로 계획하고, 학교 수업은 민사법실무연습, 헌법실무연습과 같은 변호사시험 대비과목을 수강했다. 다만, 결정 장애가 있는 나는 그때까지 선택과목을 정하지 못했기에, 국제거래법개론, 개별적 근로관계법을 둘 다 수강하였다. 그런데 여기서 그쳤으면 그나마 다행이었겠으나, 취업에 성공한 기쁨에 도취되어 괜한 용심까지 부려 법의학 과목까지 수강하는 바람에 진정한 'hell gate'가 열렸다.

민법과 민사소송법이 워낙 방대하고 어렵기 때문에 처음에는 할 것이 너무 많아 다른 교과목은 잠시 잊은 채 민사 공부에만 파묻혔다. 그러다가 학기 중반으로 가면서는 슬슬 다른 과목 걱정이 생겨나기 시작하면서 헌법, 노동법(다행히 국제거래법, 법의학은 기말고사만 치렀음)에 대한 공포심에 사로잡혀, 민법을 팽개치고 다른 교과목을 공부하기 시작했다. 나중에야 깨달은 사실이지만, 1학기가 끝나고 나면 민법과 민사소송법의 중요한 줄기들을 제대로 공부할 수 있는 시간이 다시 오지 않기 때문에, 상대적으로 심적 부담이 덜한 1학기에 시간과 노력을 충분히 들여 민법과 민사소송법을 정리해두는 것이 가장 효율적이고 안전한 길이라는 것을 알았다.

이런 나와는 달리, 한 친구는 3학년 1학기에 민사법실무연습, 민사재판실무, 민사재판론과 같이 민사법 과목을 몰아서 수강하였는데, 이처럼 1학기 때에는 민사법 공부에 매진할 수 있도록 관련 교과목을 선택하는 것이 현명하다. 또한, 변호사시험범위에 포함된 교과목이 아니라면 2학년 때 미리 수강해두고, 3학년 때에는 가급적이면 변호사시험 과목으로 수강하는 것이 더 효율적인 선택이다.

가령, 나는 변호사시험 범위에 포함되는 상행위법을 2학년 때 미리 들어두고, 평소에 듣고 싶었던 법의학을 3학년 때 수강하였는데, 가뜩이나 변호사시험을 준비하느라 심적 부담이 큰 상태에서 법의학을 공부하고 있으려니 '멘탈 붕괴' 상태에 이르기 직전이었다(그럼에도 불구하고 무척 흥미 있는 수업이었다).

3학년 1학기는 실적심사를 받느라 바쁜 때이기도 하다. 일반대학원은 학위논문을 제출해야 석사학위를 받을 수 있지만, 법학전문대학원 전문 석사학위를 받기 위해서는 학위논문 외에도 실적심사로 대체할 수 있는 길이 열려 있다. 실적심사 제출자격은 3학기 이상 이수하고 학점 45학점 이상 취득한 자에게 주어지는데, 대부분의 친구들이 3학년 1학기에 실적심사를 받는다. 실적심사 제출자격을 갖추면 지도를 받고자 하는 교수님이 개설과목을 수강하고, 수업시간에 작성한 판례평석, 리포트 등으로 실적심사를 받으면 된다. 내 경우에는, 겨울방학 때 참여하였던 가인법정변론대회에서의 서면, 발표자료 등으로 실적심사를 받았기 때문에 실적심사에 대한 부담감은 덜했다.

3학년 1학기는 실적심사를 받느라 바쁜 때이기도 하다. 일반대학원은 학위논문을 제출해야 석사학위를 받을 수 있지만, 법학전문대학원 전문석사학위를 받기 위해서는 학위논문 외에도 실적심사로 대체할 수 있는 길이 열려 있다.

여름방학

1학기가 시작되는 3월부터 마지막 기말고사를 치르는 6월 중순까지 3개월 동안 주로 민법과 민사소송법 공부에 치중하였기 때문에 이제는 나머지 모든 과목을 동시에 일정 수준까지 끌어올려야 하는 과제가 남아 있었다.

선배들이 전체적인 공부계획을 잘 짜서 계획적으로 공부하라고 그토록 당부했건만, 나는 갑자기 행정법을 본지 너무 오래됐다는 생각에 사로잡혀 막무가내로 행정법부터 공부를 시작하였다. 이처럼 계획 없이 가장 끌리는 과목부터 보는 식으로 공부하면 시간을 비효율적으로 소모하게 되는데. 형법을 공부하는 데 있어서도, 형법총론의 수많은 난해한 학설에 파묻힌 나머지 시간을 과도하게 오래 쓰게 되어 정작 형법각론은 충분히 보지 못했다.

이처럼 시험에 대한 두려움에 휩싸여 닥치는 대로 시간을 투자해버리면서 점점 더 악화일로를 가고 있던 나에게 여름방학 때 개설된 종합실무연습 프로그램은 큰 길잡이가 되어주었다. 종합실무연습은 학생들의 수험생활을 지원하기 위해 학교 차원에서 개설된 진도별 학습 프로그램이다. 6월 말부터 8월 말까지 모의고사(형사, 민사, 헌법) 및 특강(노동법, 가족법, 경제법, 회사법, 국제거래법)이 진행되었다. 형사, 민사, 헌법의 경우 무엇인가를 새로 배우는 자리라기보다는 시간을 정해 놓고 실전처럼 문제를 푸는 경험을 쌓는 용도였지만, 미리 예습할 범위를 알려주기 때문에 이 일정에 맞춰 개인 진도표를 짜 공부하면 되었다. 기본서를 전체적으로 꼼꼼하게 읽어 나가는 과정에서도 중요 부분에 포인트를 줄 수 있었는데, 각 회차마다 키워드로 뽑히는 범위들을 특별히 주의해서 읽다 보니 어떤 부분이 시험에 출제될 확률이 높은 부분인지 알 수 있었다.

여름방학 동안 6월, 8월 2번의 모의고사를 치르게 되었는데, 모의고사를 통해 변호사시험이 어떤 형태의 시험인지, 내가 특히 어떤 과목과 어떤 유형(선택형, 사례형, 기록형)에 대한 대비가 부족한지를 파악할 수 있는 자리였다. 나름대로 검찰실무1, 형사재판실무 수업을 들으면서 형사법은 눈에 익혀 놓았다고 생각했었는데, 선택형 시험은 미처 예상하지 못한 곳에서 출제되었고, 선택형 유형 시험에 대비한 별도의 공부가 필요함을 깨닫게 되었다.

방학이 끝날 무렵까지 민법과 민사소송법은 전반적인 이해를, 회사법은 1회독을 완료하였으나, 형사법, 행정법은 2/3 정도에 그친 상태였고, 헌법과 선택과목인 노동법은 거의 손을 대지 못한 상태로 2학기를 맞이하였다.

2학기 및 겨울방학 – 변호사시험 준비

어느새 로스쿨에서의 마지막 학기를 보내게 되었다. 2학년 때 미리 교과목을 많이 수강해둔 덕에 3과목만 수강해도 졸업학점을 채울 수 있었다. 나는 3학년 1학기 때의 실수를 반복하지 않기 위해, 행정법실무연습, 형사법실무연습, 상사법실무연습의 변호사시험 대비 교과목만을 수강하였다.

형법은 기본서 회독 수를 꾸준히 늘렸다. 한 번 볼 때 시간이 걸리더라도 꼼꼼히 보자는 전략을 택했는데, 돌이켜보니 중요한 쟁점에 강약조절이 조금 되어 있었다면 좀 더 효율적인 공부를 할 수 있었을 것으로 생각된다.

행정법은 행정법실무연습 수업에 크게 의존했다. 교수님이 워낙 설명을 잘해주시고 정리까지 완벽하게 해주셔서 사례형과 기록형 문제는 강의와 수업자료만으로도 완벽하게 대비가 되었다.

형법은 기본서 회독 수를 꾸준히 늘렸다. 한 번 볼 때 시간이 걸리더라도 꼼꼼히 보자는 전략을 택했는데, 돌이켜보니 중요한 쟁점에 강약조절이 조금 되어 있었다면 좀 더 효율적인 공부를 할 수 있었을 것으로 생각된다.

상법 역시 교수님이 핵심적인 쟁점을 위주로 공부량을 획기적으로 줄여주는 방향으로 상사법실무연습 수업을 해주셔서 많은 도움을 받았다. 진도별로 모의문제를 풀고, 바로 강평을 들으니 전체적인 이해도가 높아졌다.

2학기에는 민법과 민사소송법 수업을 별도로 수강하는 경우가 거의 없어, 의식적으로 시간을 내어 공부하는 것이 중요하다. 일단 2학기 중간고사까지는 민법을 전혀 보지 않고 행정법실무연습, 상법실무연습, 형법실무연습에만 집중하였고, 10월부터 다시 기본서를 보기 시작해 11월 중순까지 2회독을, 12월에 날짜를 더 줄여 3회독을 마쳤다.

가장 큰 난관은 바로 헌법이었다. 2학기를 보내는 내내 헌법을 별로 펴보지 못하였는데, 1학기 때 헌법실무연습 과목을 수강하긴 하였으나, 부족한 감이 많은 상태였다. 부끄럽지만 12월이 되어서야 다시 본격적으로 헌법 공부를 시작하였는데, 다행히도 다른 과목에 비해 사례형 대비 공부와 기록형 대비 공부의 차이가 적은 과목이었기에 벼락치기가 가능했다. 마지막에는 판례를 중심으로 공부했는데 결과적으로는 헌법 사례형에서 가장 고득점을 딸 수 있었다.

선택과목인 노동법 역시 11월 이후에야 손을 댈 수 있었다. 2학년 2학기와 3학년 1학기에 걸쳐 학교 수업을 들었던지라 많이 까먹지는 않았지만, 자칫하면 과락을 받을 수 있기에 12월 말까지 부랴부랴 2회독을 마쳤다.

수험 포인트

선배들이 이구동성으로 하는 주언은 '수험 계획을 철저히 세우고, 그에 맞추어 공부하라'는 것이었다. 결과적으로 벼락치기 스타일인 나는 조언을 잘 따르지 못했기에 아쉬움이 많이 남았다. 아마도 다시 3학년 시절로 돌아가면 그런 식으로 공부하지는 않을 것이다. 다만, 시험 준비를 하면서 잘했다고 생각하는 것이 있다면, 다음과 같다.

첫째, 양을 늘리지 않는다. 변호사시험 준비의 대원칙은 중요한 부분에 집중하고 공부량을 늘리지 않는 것이다. 시험 전날 볼 수 있도록 공부량을 줄여나가는 것이 중요하다.

첫째, 양을 늘리지 않는다. 변호사시험 준비의 대원칙은 중요한 부분에 집중하고 공부량을 늘리지 않는 것이다. 시험 전날 볼 수 있도록 공부량을 줄여나가는 것이 중요하다.

둘째, 책을 함부로 바꾸지 않는다. 새 책은 읽는 데 상당한 시간이 소요된다. 하지만 기존에 밑줄 그어져 있는 책은 훨씬 빠르게 볼 수 있다. 단기간 동안 많은 양의 공부를 해야 하니 교재를 함부로 바꾸지 않는다.

셋째, 모의고사는 반드시 본다. 주관식(사례형, 기록형) 유형의 시험에서 가장 중요한 것은 분량 조절과 시간 배분인데, 이를 실전과 같이 미리 연습해보는 것이 중요하다.

　이 세 가지 원칙을 항상 염두에 두고 공부했다. 사실 그 무엇보다 중요한 것은 멘탈 관리였다. 너무나 많은 범위에 끝도 한도 없는 공부에 가끔은 넋을 잃고 있을 때도 있었다. 마음 한편으로는 딱 1년만 쉬었다가 내후년에 다시 시험을 치르고 싶은 생각도 있었다. 마치 수능시험을 앞둔 고3 학생이 재수를 생각하는 것처럼. 포기하지 마. 포기하지 마. 애써 내 자신을 다시 잡았다. 이렇게 나의 3학년은 그 어느 때보다도 빠르게 지나갔다.

CHAPTER 05

변호사시험과 졸업

시험 보러 가기 전

어느 새 새해가 밝았다. 올해는 첫째 주인 1월 5일 월요일부터 9일 금요일까지 변호사시험을 치른다. 일요일 밤, 잠도 안 오고 불안하기만 하다. 내가 과연 무사히 변호사 시험에 합격할 수 있을지…. 그래도 자야만 한다. 최상의 컨디션으로 시험에 임하기 위해서 억지로 눈을 감았다.

시험 첫째 날

아침 7시에 기상했다. 고맙게도 학생회에서 고사장까지 갈 수 있는 셔틀버스를 준비해주었지만, 나는 집에서 고사장(OO대학교 법학관)까지 바로 가는 것이 편했기에 바로 고사장으로 이동했다.

고사장에 도착하니 오전 8시 30분이다. 첫날은 공법시험(선택형/사례형/기록형)을 치르기 때문에, 선택형 시험(객관식)을 보기 전까지 판례정리집을 마지막으로 훑어보았다. 가슴이 콩닥콩닥 뛰었다. 9시 25분이 되자 고사실 입실안내, 답안지 작성안내, 수험생 유의사항 방송이 시작되고, 9시 30분쯤에는 10분 내로 화장실에 다녀오라는 방송이 나왔다. 혹시 모르니까 재빨리 화장실에 다녀오는데, 날씨가 너무 춥다. 가뜩이나 시험 때문에 떨리는데 날씨까지 추우니 몸이 덜덜 떨린다. 화장실에 다녀오니 답안지를 먼저 배부한다. 책상 위에 응시표와 필기도구, 신분증만 올려놓고 모든 소지품을 고사실 앞에 가져다 놓았다. 9시 55분쯤 시험지가 고사실에 도착했다.

오전 10시부터 공법 선택형 시험이 시작되었다. 70분간 40문제를 풀어야 하는데, 뒤에 컴퓨터용 사인펜으로 마킹할 시간을 제하면, 1문제당 1.5분 정도의 시간을 고민할 수 있다. 마음을 잡고 1번부터 읽어나가기 시작했다. 10번까지 푸는데 15분이 지났다. 늦었다 싶어 속도를 올리고 30번을 푸는데 아직 40분밖에 되지 않았다. 다시 속도를 늦추고 문제를 꼼꼼하게 본다. 도저히 봐도 정답을 알 수 없는 문제는 일단 체크를 해두고 넘어가되, 후반부에 시간이 남지 않을 상황에 대비해 가답안은 골라두었다. 이 속도로 끝까지 가니 딱 10분이 남았다. 전체 마킹을 한 후 중간에 체크하고 지나갔던 문제들을 다시 살펴 검토했다. 어느새 시험이 종료됐다.

11시 10분 선택형 시험이 종료되면, 점심시간이 시작된다. 어머니가 정성스레 싸주신 도시락을 먹는데, 마음이 불안해서 입으로 들어가는지 코로 들어가는지 잘 모르겠다. 일부 친구들은 1교시에 본 공법시험에 대해 어렵니 어쩌니 하며 답을 맞춰보기도 하는데, 나는 애써 듣지 않으려고 노력했다. 오후 시험이 시작되기 35분 전까지는 입실해야 하는데, 나는 화장실을 가는 시간을 제하고는 내 자리를 떠나지 않았다.

오후 1시 30분부터 3시 30분까지 2시간 동안 공법 사례형 시험이 치러졌다. 크게 2문제로 각 100점씩 답인지 4페이지 분량을 채워야 한다. 답안지 1페이지당 배점 25점이라고 보고, 약 12.5분씩을 할애할 수 있는 셈이다. 배점이 20점짜리 문제는 한 페이지를 조금 덜 채우고, 배점이 30점짜리 문제면 한 페이지를 조금 넘길 정도로 작성했다. 답안의 위치를 보면서 속도 조절을 했고, 어느 한 문제도 공백으로 두지 않고, 일단 답안지를 다 채우도록 노력했다.

사례형 시험이 끝나고 약 1시간 30분가량의 여유가 있었다. 마지막으로 행정법실무연습 시간에 받은 자료들과 헌법 판례집을 살펴보았다.

오후 5시부터 7시까지는 공법 기록형 시험을 치렀다. 다행히 수업시간에서 다룬 것과 비슷한 주제가 나왔다. 사실 답안을 작성하는 시간이 어떻게 흘렀는지 기억나지도 않는다. 아무 생각 없이 내가 아는 모든 것을 답안지에 쏟아 부었다.

집에 도착하니 8시, 저녁을 먹고 책상에 앉으니 9시가 되었다. 어제는 불안하기만 했지만, 오늘은 불안한데다가 피곤하기까지 하다. 시험은 어렵지, 마음은 급하지, 이미 밤 9시… 멘탈이 무너지기 직전이다. 미리 정리해둔 형법, 형사소송법은 한 번씩 다 훑어보려고 했는데 생각보다 진도가 안 나간다. 내일 형사법 시험만 치르면 모레는 쉴 수 있기 때문에(시험 셋째 날은 휴식일임) 조금 무리를 한다. 새벽 3시 형사소송법 책을 보다 잠이 들었다.

시험 둘째 날

아침 7시 눈을 떴다. 어제 미처 훑어보지 못한 부분이 있어 마음이 조급하지만, 아침밥을 대충 챙겨먹고 얼른 고사장으로 출발했다. 어제와 마찬가지로 형사 선택형, 사례형, 기록형 시험을 치렀다.

선택형 시험이 생각보다 어려웠다. 40개 문항 중에 알쏭달쏭해서 체크한 문제가 10문항이나 되었다. 불안하기 짝이 없다. 사례형 시험을 치르는데 자꾸 마음이 안 좋았다. 애써 마음을 잡고 공백으로 두는 문항 없이 가급적 배점에 따라 모든 답안지 분량을 채워나갔다. 약술형으로 잘 모르는 문제가 나왔지만, 법전을 뒤적거리며 관련된 법조문을 일단 적고 머리를 쥐어짜내 어떻게든 글자를 채웠다. 점점 더 불안해진다. 다행히 기록형 시험은 생각보다 수월했다. 1년 전 검찰실무, 형사재판실무 시간에 다루었던 쟁점들이 출제되었다. 새삼 그 과목들을 수강해둔 것이 너무나 감사히 느껴졌다.

전날과 같은 일정으로 시험을 치렀기에, 집에 오니 저녁 8시가 넘었다. 이미 나는 시험 2일 동안 내 영혼을 모두 쏟아 부은 느낌이었다. 일단은, 아무것도 걱정하지 말고 잠들어야겠다. 시험 둘째 날 저녁이 그렇게 저물었다.

시험 셋째 날

셋째 날인 수요일은 시험을 치르지 않는 쉬는 날이다. 때문에 화요일 밤부터 수요일 오전까지 잠을 푹 자두고, 일어나자마자 본격적으로 민사 공부를 시작했다. 말이 '민사'이지, 실질적으로는 민법, 민사소송법, 회사법, 상행위법, 보험법… 봐야 할 것이 너무나 많다. 민법은 너무나 방대한 양이기에 중요한 쟁점 위주로 훑어보고, 주로 민사소송법을 다시 보는데 시간을 할애했다.

이쯤 되니 시험을 치르는 내 자신이 죽음을 받아들이는 5단계와 유사하다는 생각이 들었다. 충격과 부정 - 분노 - 타협 - 우울 - 수긍의 단계. 봐야 할 것이 너무 많고 지금 다시 보니 내가 아는지 모르는지도 모르겠고 '이것은 현실이 아니야'라고 부정하다가, 이런 현실에 화가 치민다. 그러다가 애써 마음을 잡고 '할 수 있는 데까지만 하자'라며 현실과 타협하고 공부한다. 그러다가 점점 나중에는 현실에 수긍하고 '차라리 빨리 시험이 끝났으면'하는 마음이 들었다.

그나마도 다행인 것은 시험을 치르는 5일 중에 하루라도 쉬는 날이 있다는 점이다. 만약 이렇게 오전 10시부터 오후 7시까지 4일 동안 연속으로 시험을 치렀다면, 아마 버티지도 못했지 않았을까.

시험 넷째 날

넷째 날에는 민사법 선택형과 기록형 시험이 있다. 오전 10시부터 오후 2시까지 2시간 동안 민사 선택형 문제를, 오후 2시 30분부터 5시 30분까지 3시간 동안 민사 기록형 시험을 치렀다.

‹‹‹‹

기록형 문제는 메모를 잘 작성해두어야 하는데, 평소에 모의고사를 통해 열심히 연습해둔 것이 유용했다. 다시 기록을 뒤적거리며 관련 증거를 찾으려면 시간도 많이 걸리고, 마음이 조급해 잘 찾아지지도 않는다.

민사시험은 공법, 형법 시험과 달리 시험시간이 길기 때문에 시간 배분에 더욱 유의해야 한다. 선택형은 120분 동안 70문제를, 기록형은 180분 동안 답안지 10페이지를 채워야 한다.

민사 선택형 문제는 정말 어렵디 어려웠다. 잘 모르겠다고 체크한 문항은 왜 이리 많은지, 혹시 이러다가 반타작하는 것은 아닌지. 시험 보는 중간에 그냥 뛰쳐나가고 싶은 마음이 굴뚝같았지만, '나에게 어려우면 다른 친구들에게도 어렵겠지'라는 생각으로 애써 꾹 참았다.

기록형 문제는 메모를 잘 작성해두어야 하는데, 평소에 모의고사를 통해 열심히 연습해둔 것이 유용했다. 다시 기록을 뒤적거리며 관련 증거를 찾으려면 시간도 많이 걸리고, 마음이 조급해 잘 찾아지지도 않는다. 25cm 이상이 되는 자를 챙겨가서 표를 그리면서 청구취지별로 메모하다

보니, 어느새 마음의 평정을 찾아갔다. 이제는 모든 것을 초탈한 심정으로 답안지를 메꾸었다.

집에 돌아와 책상에 앉으니 저녁 7시 30분. 다음 날 민사 사례형 시험이 남아 있어 민법, 상법을 다시 훑어보는데, 이미 치른 선택형, 기록형 시험에서 자꾸 틀린 것이 눈에 들어온다. 아… 잊고 싶지만 자꾸 실수한 것이 생각난다. 미친 듯이 후회되었지만 눈을 딱 감았다. '지금까지 버티어 온 것이 있으니 괜찮아. 이것도 버틸 수 있어'라고 되뇌었다. 선택과목인 노동법을 다시 보면서 마지막 밤을 꼴딱 지새웠다.

시험 마지막 날

마지막 날에는 민사법 사례형 시험과 선택과목 사례형 시험이 있다. 오전 10시부터 오후 1시 30분까지 3시간 30분 동안 민사 사례형 문제를, 오후 4시부터 6시까지 2시간 동안 선택과목 사례형 문제를 푼다.

민사 사례형은 총 3개의 큰 문제로 구성되는데, 1시간 동안 3번 문항인 상법을 먼저 풀고 남은 시간은 오롯이 민법에 투자하는 방법으로 답안지를 작성했다. 어려운 민법 사례형 문제를 풀다 보면 나중에 상법 문제에 투자할 시간이 모자를 수도 있고, 아무래도 상법 문제가 남아 있으면 앞의 민법 문제를 풀면서 심적 부담이 많이 되기 때문이다.

선택과목은 객관식인 선택형 유형이 없으므로 사례형 문제에서 큰 쟁점을 놓치게 되면 '과락'할 염려가 있다. 다행히 미리 찍어둔 쟁점에서 문제가 나와서 수월하게 답안을 작성할 수 있었다. 다만, 하루 종일 주관식 시험만 치르다 보니 나중에는 팔이 너무 저려 글자 한 자 한 자 써내려가기가 너무나 힘들었던 기억이 난다. 마음은 급하고, 답안지에 쓸 말이 머릿속에는 바람처럼 지나가는데, 손이 따라주지 않았다. 마지막 있는 힘까지 다 짜내서 힘겹게 글자를 적어 내려갔다. 어느새 시험 종료를 알리는 종이 울렸다.

졸업

드디어 졸업이다. 이 모든 시험으로부터 이제는 해방이다. 너무 기쁘다. 나를 포함한 우리 동기들이 너무나 자랑스럽고 뿌듯하다. 다들 힘들고 어렵고 또 두려운 길이었지만 잘 버티어 주었다.

졸업식을 앞두고, 백주년기념관 앞에서 졸업가운을 차려입은 동기들이 단체사진을 찍었다. 졸업가운을 걸치신 교수님들께서도 함께 나와 촬영에 임해주셨다. 평소에도 멋있으시지만, 가운까지 걸치시니 풍기는 force가 장난이 아니다. 가슴이 뭉클했다.

졸업식은 문화관 중강당에서 진행되었다. 졸업생 한 사람 한 사람씩 앞에 나가 졸업장을 수여받았다. 내 차례가 되자, 한쪽 구석에서 애인이 쪼르르 나가 졸업장을 받고 활짝 웃는 내 모습을 사진으로 찍어주었다.

졸업식 전통에 따라, 동기 중 1등으로 졸업한 친구가 단상 앞에 나가 소감을 말했다. 내가 1등한 것도 아닌데 연신 싱글벙글 웃음이 나온다.

우리 모두 winner이다. 중도하차 하지 않고, 끝까지 무사히 버틴 것 하나만으로도 충분하다.

꽃다발을 들고 기념사진을 촬영하고, 친구들과 웃고 떠들고, 어느새 날이 저물어 갔다. 대여한 졸업가운을 반납하고 학교를 나오면서 뒤를 돌아본다. 정든 15동이여 안녕! 나의 법오 도서관이여 안녕! 아직 떠나지도 않았는데, 학교가 벌써 그리워진다. 아련한 마음을 다시 잡고 스스로 위안해본다. 이별은 새로운 만남의 시작이다!